语言学教材系列

Linguistics:
A Concise Course Book

语言学简明教程

（第二版中文本）

胡壮麟　李战子　主编

北京大学出版社
PEKING UNIVERSITY PRESS

图书在版编目(CIP)数据

语言学简明教程/胡壮麟，李战子主编. —2 版. —北京：北京大学出版社，2013.5
（博雅语言学教材系列）
ISBN 978-7-301-21876-1

Ⅰ. ①语⋯　Ⅱ. ①胡⋯②李⋯　Ⅲ. ①语言学—高等学校—教材　Ⅳ. ①H0

中国版本图书馆 CIP 数据核字(2012)第 316242 号

书　　　　名：	语言学简明教程（第二版中文本）
著作责任者：	胡壮麟　李战子　主编
责 任 编 辑：	孙　娴
标 准 书 号：	ISBN 978-7-301-21876-1/H ·3220
出 版 发 行：	北京大学出版社
地　　　　址：	北京市海淀区成府路 205 号　100871
网　　　　址：	http://www.pup.cn　　新浪官方微博:@北京大学出版社
电 子 邮 箱：	zpup@ pup. pku. edu. cn
电　　　　话：	邮购部 62752015　发行部 62750672　编辑部 62753027
	出版部 62754962
印 　 刷 　者：	三河市博文印刷有限公司
经 　 销 　者：	新华书店
	650 毫米×980 毫米　16 开本　15.5 印张　245 千字
	2004 年 7 月第 1 版
	2013 年 5 月第 2 版　2018 年 4 月第 2 次印刷
定　　　价：	29.00 元

未经许可，不得以任何方式复制或抄袭本书之部分或全部内容。
版权所有，侵权必究
举报电话：010 - 62752024　电子邮箱：fd@ pup. pku. edu. cn

再版说明

《语言学简明教程》作为胡壮麟教授和我主编的北京大学出版社语言学教材系列之一,问世以来,受到了读者的肯定和欢迎。我们了解到,不少同学在考研时也以本书为参考,他们反映本教材深入浅出,对于入门颇有益处。同时,我们也得到一些使用者的反馈,对个别章节的编排等提出看法。胡壮麟教授对简明教程的再版十分关注,对新版工作提出了具体的指导意见。

修订版的最大特色是增加了由胡壮麟教授亲自撰写的认知语言学一章,还增加了由王传经教授撰写的语用学一章,同时更新了部分图片、例子和参考书目,对原版的文字做了细致的校订,力求更加准确精炼。

国际关系学院的老师陆丹云、潘艳艳、朱洪涛、花爱萍、庞超伟、袁杰、裴晨涯参加了修订、审校工作,也对部分章节提出了修改意见。其中陆丹云、潘艳艳分别负责已故赵璞教授所编写的第五章、第七章的修订工作,陆丹云又协助我完成全书的统稿。本书的修订得以顺利完成,归功于上述老师的辛勤劳动。参加编写本教材各章节的老师有:

第一章 　　李战子
第二章 　　陆丹云
第三章 　　陆丹云
第四章 　　叶建军
第五章 　　赵　璞　陆丹云
第六章 　　李战子
第七章 　　赵　璞　潘艳艳
第八章 　　王传经
第九章 　　胡壮麟
第十章 　　周　翔　朱洪涛

第十一章　　朱洪涛
第十二章　　李战子

希望本书继续成为学习者语言学入门的良师益友。

李战子

2012 年 10 月

前　言

《语言学简明教程》终于成书，感慨万分。编写语言学教材的最大难处是如何定位。1987年在山东大学召开的《语言学教程》的审稿会上，评委们讨论的一个焦点便是教材应以学术性、原创性为主，还是以通俗性、趣味性为主？当时的讨论众说纷纭，各抒己见，没有定论，最后把两种意见作了一些调和，以满足高校教材的燃眉之急。经过十余年的大面积使用，在第一线老师的推动下，《语言学教程》（修订版）于2001年出版。修订版强调了学术性和原创性，同时调整了章节，使本科生能学到最实用的内容。遗憾的是我们对本科生的特点和要求考虑不够，编写者们总想把肚子里的货全部倒出来。为了解决这个矛盾，我们于2002年编写出版了《语言学高级教程》，以满足研究生的需要，减轻了《语言学教程》修订版在难度上的压力。尽管如此，有的学校仍反映修订版章节减少了，难度却增加了。与此同时，一些大专和高职高专学校也在开设语言学课程，修订版对这些学校的学生显然偏难。这一形势迫使我们不得不把编写一本供不同层次的学生使用的简明教材再次提上日程。

感谢中国人民解放军南京国际关系学院李战子教授、赵璞教授等老师们，他们勇挑重担，接受了这个任务。在编写思想上，选题以内部语言学为主，兼顾语法与语篇的关系，并在通俗性、趣味性方面作了积极的探索，这在语言学教程的编写中是尤其有益的尝试。需要说明的是，个别图片来源于互联网，作者名或网址均保留在图片中，在此我们对这些图片的作者表示衷心感谢。

《语言学简明教程》是编写者们近两年辛勤劳动的成果。我不敢说这些老师做得最好，但他们确实是用心了。我相信使用本教材的学校和老师今后会感受到这一点。我也相信教材使用者会将发现的问题和建议及时反馈给我们。我更相信我和战友们一定会听取大家的意见，本着改革的思想，不断完善。

在《语言学简明教程》基本完成之时,捷报传来,中国人民解放军南京国际关系学院已荣获英语语言与文学博士点的授予权。作为五十年代的转业军人,作为南京国关多年的兼职教授,我在分享这份荣誉之际,谨以我在策划和审订本教材中所参与的劳动,表示衷心的祝贺。祝南京国际关系学院的领导和战友们在新世纪取得更大的成就。

胡壮麟

2003 年国庆

目 录

第1章　语言与语言学 …………………………………………… 1
 1.1　引言 ………………………………………………… 2
 1.2　语言学史 …………………………………………… 2
 1.3　为什么学习语言学? ………………………………… 4
 1.4　语言的属性 ………………………………………… 5
 1.5　身势语和其他"语言" ……………………………… 8
 1.6　语言的功能 ………………………………………… 9
 1.7　语言学的分支 ……………………………………… 10
 1.8　研究语言学的常见问题 …………………………… 11
 1.9　本章小结 …………………………………………… 13

第2章　语音学：语言的声音 …………………………………… 15
 2.1　引言 ………………………………………………… 16
 2.2　拼写、发音和音标 ………………………………… 16
 2.3　发音器官 …………………………………………… 19
 2.4　语音特征 …………………………………………… 21
 2.5　元音 ………………………………………………… 26
 2.6　本章小结 …………………………………………… 29

第3章　音系学：语音的模式 …………………………………… 31
 3.1　引言 ………………………………………………… 32
 3.2　区别性语音 ………………………………………… 33
 3.3　超音段特征 ………………………………………… 40
 3.4　本章小结 …………………………………………… 45

第4章　词汇 ……………………………………………………… 48
 4.1　引言 ………………………………………………… 49
 4.2　什么是词? ………………………………………… 49
 4.3　词的分类 …………………………………………… 51
 4.4　语素和语素类别 …………………………………… 53

4.5　词语的形成 ·· 56
　　4.6　本章小结 ·· 66
第 5 章　语法：小句 ·· 70
　　5.1　引言 ·· 71
　　5.2　词类和词序 ·· 71
　　5.3　小句类型 ·· 76
　　5.4　语法范畴 ·· 78
　　5.5　"非谓小句" ·· 81
　　5.6　小句成分的语义角色 ······························ 82
　　5.7　小句的组合和扩展 ·································· 84
　　5.8　本章小结 ·· 89
第 6 章　语法：语篇 ·· 92
　　6.1　引言 ·· 93
　　6.2　主位和语篇功能 ······································ 94
　　6.3　信息结构 ·· 96
　　6.4　衔接 ·· 99
　　6.5　会话分析 ·· 104
　　6.6　本章小结 ·· 105
第 7 章　语言和意义 ·· 107
　　7.1　引言 ·· 108
　　7.2　词义 ·· 108
　　7.3　词义与词义之间有什么关系？ ················ 111
　　7.4　我们怎样分析词义的构成？ ···················· 117
　　7.5　句义 ·· 119
　　7.6　语境和会话含义 ······································ 121
　　7.7　本章小结 ·· 126
第 8 章　语用学：交际中的意义 ·························· 129
　　8.1　引言 ·· 130
　　8.2　指示 ·· 131
　　8.3　前提 ·· 133
　　8.4　会话含义 ·· 135
　　8.5　语言礼貌 ·· 138
　　8.6　言语行为 ·· 142
　　8.7　本章小结 ·· 145

第9章　认知语言学：语言与认知 ……………………… 149
- 9.1　引言 ……………………………………………………… 150
- 9.2　作为概念隐喻的语言 …………………………………… 150
- 9.3　认知语法 ………………………………………………… 152
- 9.4　构式语法 ………………………………………………… 154
- 9.5　认知语义学 ……………………………………………… 156
- 9.6　概念语义学 ……………………………………………… 157
- 9.7　本章小结 ………………………………………………… 159

第10章　文字系统 ……………………………………………… 163
- 10.1　引言 …………………………………………………… 164
- 10.2　文字的历史 …………………………………………… 165
- 10.3　文字系统 ……………………………………………… 170
- 10.4　文字系统的革新和改革 ……………………………… 173
- 10.5　汉字 …………………………………………………… 175
- 10.6　文字的重要性 ………………………………………… 177
- 10.7　本章小结 ……………………………………………… 178

第11章　语言的变化 …………………………………………… 181
- 11.1　引言 …………………………………………………… 182
- 11.2　语言在各方面的变化 ………………………………… 183
- 11.3　语言的生与死 ………………………………………… 196
- 11.4　语言变化的原因 ……………………………………… 199
- 11.5　本章小结 ……………………………………………… 207

第12章　语言变体 ……………………………………………… 210
- 12.1　引言 …………………………………………………… 211
- 12.2　方言和标准变体 ……………………………………… 211
- 12.3　使用中的变异——语域和语类 ……………………… 215
- 12.4　本章小结 ……………………………………………… 221

参考答案 ……………………………………………………… 224

第 1 章

语言与语言学

> 语言学：智慧而令人心醉神迷的探索——人类从野蛮到文明的进化中所使用的基本武器——语言。
>
> ——马里奥·裴

1.1 引言

如果以下情况与你都不相符，请不要阅读本书：
A：你会说一些英语。
B：你汉语说得相当好。
C：你计划提高你的英语水平。

本教程是关于语言学的基础知识的，包括语言学的主要概念和语言研究的主要方面。你将会看到一些影响了20世纪人文研究的伟大的思想家的名字，还有其他一些在括号中的名字，正是他们使语言学成为一个给人启发的研究领域。更重要的是，当读到本书末尾时，你会感到对那些你以前自以为明白的东西，其实你并不真正明白；而对于本书中所谈论的一些东西，其实你已经懂得更多了。

会语法和知道关于语法的知识——这两种技能之间有多大的区别？学习一门语言究竟意味着什么？不同语言的总体特征是什么，特别是英语有些什么特点？研究语言的结构（如语法、语音和词汇）与研究语言使用的文化方面（如语言的社会和区域变体）有什么区别？……但首先，让我们先简短地了解一下语言学这门学科的形成。

1.2 语言学史

和所有社会科学的现代学科一样，**语言学**成为今天的样子也不是突然之间的事。它的起源与一个特定的学术传统有关，那就是欧洲的语法研究传统。"**语法**"在当时是"人文艺术"之一，由专门研究者教授，几个世纪以来是学校和大学课程的重要组成部分。直到19世纪，语言学才在语法学的名下出现，成为独立于其他学科的学术研究领域（Harris, 1998：7）。因此你会发现像"名词"、"动词"和"词性"等基本语法概念在今天的语言学领域仍在使用，不过在学习语言学的过程中请你尝试着赋予它们新的理解。

西方对语言的研究起源于古希腊。对柏拉图而言，语言学就是研究词源尤其是希腊词语的词源。随着贸易范围的扩展和殖民主义的兴起，15世纪的欧洲不断接触新的语言，这就促使学者们寻找带有普遍性的语法。在18世纪，随着英国殖民者发现**梵语**这一古老的印度语言，语言学家们开始注意到梵语、希腊语和拉丁语之间的相似之处。到了 19 世纪，语言学家开始对不同语言做历史比较，以期找出它们之间的联系和传承关系。19 世纪末，人们对语言的注意力从历史和发展转移到结构和功能研究。索绪尔的《普通语言学教程》最早出版于 1916 年，他被认为是现代语言学的鼻祖。接着便产生了以布龙菲尔德为代表的美国结构主义语言学和以乔姆斯基为代表的转换生成语言学，以及以韩礼德为代表的功能语言学派，在此我们仅列举几位较有影响的人物。在这本入门教程中，由于篇幅关系我们只能概述语言学研究的基本概念和领域。

那么什么是语言学呢？——或许读到这里你仍被这个问题所困扰。

上网在搜索引擎中键入"语言学"，你就会找到一些著名大学的语言学系开设的"语言学"这门课程的内容，以斯坦福大学为例：

> 语言学研究诸如什么是语言以及语言是如何同人类其他功能相联系这样的基本问题。在寻找问题答案时，语言学家将语言作为一种文化、社会和心理现象，试图发现语言的独特性、普遍性，考察语言的习得及语言的变化。因此，语言学是认知科学的一种，它在人文科学和社会科学间架起了一座桥梁，也在教育和语言的听说研究间开辟了一条通道。

这里还有两个类似的介绍：

> 语言是一种社会现象，具有公认的结构相似性。语言学是认知科学和社会科学之间的桥梁。通过研究语言，我们可以找到有关生物学、心理学、甚至社会学一些基本问题的答案。在这里，语言学的研究重点是语言的结构和社会特征；主要的方向有语音学（对语音的研究）、形态学（对构词规则的研究）、句法学和语义学（对词义的研究）。[①]

> 语言学就是对语言的研究。作为一门人文科学，语言学关注某一种语言或某一族语言的历史发展。作为一门社会科学，语言学可以从人类学的角度研究语言的文化属性；还可从心理学的角度去研究语音；它甚至还被认为是一门自然科学，与物理学中的声学研究和生物学中的解剖和生

---

① http://brainz.org/top-linguistics-schools-ranked/

理学研究有关。作为一门应用科学，语言学在语言教育、语言障碍矫正、计算机编程等多种领域都得到了应用。最后，语言学本身还可以是一门和数学、逻辑有关的形式科学。①

其他一些表述在语言学研究的领域及其理论侧重点上也会有所不同。简而言之，语言学通常被认为是针对一门语言或多门语言的客观研究。语言学家们不仅把语言学当作获取知识的载体，更把它看作是一门科学。在本书中，我们希望你把它作为更有效地使用语言以及对语言做深入思考的一种有用技巧。

1.3 为什么学习语言学？

为什么有些人把 past 中的 a 发成与 bad 中的 a 相同，而有些人却将其发成与 park 中的 a 相同？为什么你对有些人说"Good morning"而对另外一些人说"Hi"？是什么让一段文字成为语篇？有没有标准英语？英语的词汇来源于何处？语言学家所能回答的不仅仅只有这些问题，还有许多你目前可能不会想到要问的问题。

不过你很可能在一开始就要问这个问题：语言学究竟对语言学习有什么帮助？学习一门语言时，我们时刻都会与意义打交道。但什么是意义？我们经常会这样问："What's the meaning of …?""What do you mean by saying …?"这实际上就涉及语言学的两个分支：语义学和语用学。

语言学还能帮助我们确定文献的真实性，这不是单靠笔迹辨别，而是根据语法的特征及其出现的频率。

我们使用语言不仅是要做诸如问候、闲聊、购物等看似微不足道的事情，而且还用它来构建现实。要批判地审视现实，我们就需要语言学家提供的分析工具。比方说，依靠他们的帮助，我们就能更敏锐地注意到具有含蓄意义的词，其中包括那些有伤害、侮辱甚至破坏性意义的词。

在此我们不准备列出有关语言学所有可能的应用，我们希望读完本书后你能自己得到一个更为清晰的轮廓。

---

① http://hss.fullerton.edu/linguistics/

1.4 语言的属性

1.4.1 任意性

萨丕尔曾给语言下过一个定义，将其看作是具有社会性和任意性的交际体系：

> 语言是纯粹人类和非本能的、通过自发产生的符号来交流思想、感情和愿望的方法（Sapir, 1921：8）。

这里，**非本能的**意味着惯例，也就是说作为语言使用者，我们都认可用一个特定的名称来称呼某一个事物。例如我们用 rose 来指代那种带刺的、芬芳的、漂亮的花朵，之所以用 rose 而不是用"bose"或其他名称，原因就是约定俗成——其发端即任意性。"rose"的发音和它代表的玫瑰花在人类最初使用时没有什么联系。

任意性是语言的核心特征，它使语言区别于我们日常生活中所熟悉的其他符号。而这些日常生活中的符号均有不同程度的**图像性**。

例如，许多符号与它们代表的事物都有形象上的相似性。道路交通图标对十字路口、湿滑道路、交通信号以及人行横道等都会作出警示标志。

图 1-1 部分道路交通标志

很明显，这些图标和它们所表示的意义在形象上有相似性。这些标志或符号被皮尔斯称为**象似性**的。我们在电脑桌面上就可以看到很多图标，如垃圾箱代表回收站，文件夹代表文档。你觉得用带圈的字母"e"表示网络浏览器效果如何呢？

皮尔斯的第二种图标具有**索引性**，也就是说在**图标**和**所指**之间有一定的联系，通常是因果关系。例如，烟指代火，皮肤上的斑点指代诸如麻疹等的疾病，乌云指代即将有雨。你能否说出经常用下列图标来代表的国家吗：熊、枫叶、金字塔、袋鼠、红色的龙？

皮尔斯的第三种图标具有**象征性**。语言中的词汇，数学中的公式都是任意性的。让我们再回到"玫瑰"一词，A rose is still a rose by any other name.——这句人们所熟悉的谚语未必完全正确。为什么这样讲呢？因为玫瑰（红色、带刺、芬芳、还有漂亮的花瓣）只能用 rose 一词来表达（音标是[rouz]，拼写是 r-o-s-e）。如果用其他名称替换，那么必须要讲英语的人都同意。例如，假如我们都同意把玫瑰叫做"love-flower"或者"bose"。这里的关键是"同意"，换言之，即**约定俗成**。声音和意义之间的关系是由约定俗成确定的，再换用语言学的术语来说，这种关系就是任意性。玫瑰为什么叫做 rose 而不是"bose"或"raze"，是没有原因的。如果你觉得 rose 一词用来称呼玫瑰这种漂亮花朵非常合适，那是因为你已经适应了任意性，把惯例当作了必然。

图 1-2　你为什么叫它"叶子"？

简而言之，任意性意味着声音和意义间的联系没有特别的理由，或者说声音和它所表示的意义之间没有自然和不可避免的联系。

既然在发音、词汇和句法方面，任何一门语言都需要一整套由任意性所作出的选择，那么显而易见的是，每门语言的基础就不是什么"自然"意义或所谓的合适性，而是依靠其规则体系——即说话人共同遵守的潜在规则，他们会一直使用某些发音，……在传递信息时会遵守一定的语法规则。要形成一门语言需要成千上万条这样的规则。许多语言学家都认为，我们每个人在年幼时学会这些数都数不清的规则的同时，我们也就完成了一生中最复杂的认知任务。(Clark et al, 1985: 21)

现在假设你的母语是英语，你长大的同时也就学会了如何将普通动词变成其过去式。但其间必然有一个阶段（大概4岁左右）你会说出诸如"taked"和"goed"这样错误的词，而周围的人却不会误解。然而,长大后你就不会再使用这种形式,即使你可能还觉得"goed"是可以接受的过去式,这是为什么呢?

正如赫德森所指出的:"这种一致性已经远远超出了成功交际的需要,很明显它只是出于和周围其他人保持一致的心理,哪怕是在最小的细节上"(Hudson, 1995:35)。因此,你难道不认为语言学不仅能告诉我们有关语言的知识,还能让我们对人性也有所了解吗?

1.4.2　二重性

二重性的说法其实不准确,应该说是语言具有**多层性**,在底层是语音,单个的语音并没有意义,但它们组成了词,就成为有意义的单位,有限的语音可以组成无限数量的词,词又可以组成无穷无尽的句子,至于句子组成语篇,就更是具有无限的可能性。比较动物的语言,就不具有这种多层性,一个叫声或一个姿势如果有意义的话,也是一一对应式的。

再举一个交通灯的例子,交通灯的"语言"就不具二重性,因为"红"就是"停","绿"就是"行",这些底层的元素——灯的颜色本身就被赋予了特定的意义,并且不能再自由地组成高一层的意义,如"红+绿",或"红+绿+黄"等。

图1-3　"红、黄、绿全亮,这是什么意思?"①

1.4.3　多产性

我们有了新经验想要表达时,就能想出以前从未说过的话。我

---

①　感谢韩杰星为第1、6、10章绘制的部分图片。

们认为这种**多产性**是天经地义的，实际上它却是语言成为人类独有的原因之一。

我们把词汇当作句子的组成成分来学习，而且只有一定数量的词汇才能满足最基本交际的需要。那么我们为什么不学习句子呢？当然，有一些句型是必须要学会的，但是学习过程中是不可能把句子穷尽的。如果从语言多产性的特点出发，我们就可以用有限的词汇说出无穷的句子，而且一个句子以递归的方式在理论上也可以扩展到无穷，例如：

He came into a room that had a big shelf which was full of books which were covered by thick layers of magazines which were put there by the lady who used to…

事实上，乔姆斯基就是这样以创造性为起点来研究语言特点的。美国一位大学教授做过一个有趣的实验。他把一幅简单的卡通画给 25 个人看，并让他们用一句话来描述，结果得到了 25 个不同的答案。然后他把结果输入自己的电脑程序，该程序可以算出用这 25 个句子中的词汇总共可以组成多少语法上正确的句子。答案是 1980 亿。同样，20 个英语单词可以组成的句子如果大声读出来的话要用 10 万亿年的时间，那将是地球球龄的 2000 倍。（Cogswell, 1996/1998：61）

1.4.4 文化传递性

被人类养大的小猫不会说人类的语言，它只会"喵喵"地叫。它的"语言"取决于遗传因素，而不取决于它恰巧所处的人类文化环境。但是幼儿学会的话语却是他所密切接触的语言。人类的语言是由我们所接触的文化来传递的，它并不取决于基因。如果一个中国婴儿被一对生活在美国的意大利夫妇收养，那么他/她长大后就会讲一口流利的英语或意大利语，甚至两者都会。

语言的文化传递性能够揭示有关人性的许多问题。

1.5　身势语和其他"语言"

你是否听说过**身势语**这一说法？通常认为，人们在坐、立、行走时身体采取的姿势能够表达自己的感觉、感情或其他含义。这是不是语言？让我们从以下几个基本特征来看：

图1-4 沉默中有言语，姿势中有语言——莎士比亚

首先，身势语没有**二重性**。也就是说身势语并不是**象征性**的，而是自我感觉的直接表露。特定的举动或身势并不像单词一样能进一步由字母组成；它们没有多产性，例如人们不能理解独出心裁的动作的意义。而且，许多动作或体态通常都是由它们所要表达的意义决定的，并不是任意的。例如，像交叉双臂或两腿这样的"设防"动作，其意义不言自明（Clark et al, 1985：7）。你能否想起其他在意义上与任意性有关的体态？两手叉腰是不是呢？

那么"交通信号语言"、"芭蕾语言"、"音乐语言"、"电影语言"又各有什么特点？或许**符号学**这一覆盖广泛的学科更适合这些方面的研究。当然，在符号学中人类语言的研究占有最重要的地位。所以，语言学——即关于语言的研究，是你进一步探索其他符号系统的很好起点。

1.6 语言的功能

语言能干什么——最直接的答案就是交际。所谓交际，我们指的是"传递信息"。大多数人可能会认为表意功能是语言最基本的功能，但实际上在口头交际中表意功能还占不到20%。

如果做一份关于**语言功能**的列表，那内容将是无穷无尽的：提问、要求帮助、表达思想、表达感情、发出警告、表达谢意等等。

颇有影响的功能学派的语言学家提出了这样的问题：人们是怎样使用语言的？语言是怎样为了使用而建构起来的？我们能区分语言中不同类型的意义吗？或者说使用语言能表达出多少种不同的意义？要表达意义应当如何构造语篇？或者说怎样组织语言来表达意义？在此我们简单介绍韩礼德（2003）提出的语言的三大功能——

即语言高度抽象化后的功能：

（1）讲述正在发生、将要发生和已经发生的事情：语言被用来组织、理解和表述我们对于世界以及我们自身的感触。这个功能被称为概念功能。

（2）交流和/或表达观点：语言使我们能够参与到与其他人的交际行为之中，扮演一定的角色，表达并理解感情、态度和判断。这个功能被称为人际功能。

（3）将上述两个功能的结果在口语或书面语中组成语篇：语言被用来将所说/所写的内容与现实世界或其他语言学事件相联系，这就涉及将语言组成语篇。这个功能被称为语篇功能。

在初级阶段，我们只需记住以上三点在表达意义时是同时起作用的。如果你不满意这种处理语言功能的方式，那么只需记住两件事情。第一，语言有很多种功能，交换信息只是其中的一种。第二，语言的功能总是与其词汇—语法结构相关，要深入地理解这一点，你可以进一步学习功能语法。本书第 6 章将涉及语法和语篇功能问题。

1.7　语言学的分支

来看一下我们谈论语言的方式，实际上其中已经覆盖语言学研究的主要领域：

这个词怎样念？——语音学

是"think"［θiŋk］还是"sink"［siŋk］？——音系学

这个词还有没有其他意思？——词汇学

这句话的意思是什么？——语义学

你说这句话是什么意思？——语用学

根据理论传承关系的不同，我们可以作出诸如以下的区分：

功能语言学

结构主义语言学

乔姆斯基学派语言学

韩礼德学派语言学

然而，语言学涉及领域越来越多，跨学科性变得越来越明显。如果你对作为社会现象的语言感兴趣，那么就会涉及社会语言学领域。同样类型的还有：

语言和心理学——心理语言学
语言和计算机——计算机语言学
语言和人类学——人类语言学
语言和法律——法律语言学
语言和临床治疗——临床语言学
语言和教育——教育语言学
语言和生态学——生态语言学

随着宏观语言学分支的不断增多，这个列表可以越来越丰富。

在后面几章，我们会帮助你了解语言学研究的主要领域，但这和语言学家真正在做的事情是有所不同的。首先让我们了解一下什么叫做"语言学"。有一种语言叫贝贾语，是居住在尼罗河和红海之间的苏丹游牧部落的语言。下面列出四句由一个词组成的句子，你的任务就是推断出用贝贾语怎样说"He makes someone walk"。

1. tamani   I eat
2. tamiini   He eats
3. giigani   I walk
4. tamsani   I feed (someone)

[找到答案了吗？对，是 giig-s-iini]。这只是一个针对初学者的问题（Hudson，1995：27）。如果你愿意，可以继续这种描述性语言学的实际操作。当然，有很多理论基于并支撑这样的工作，而这本教程只侧重于为将来你可能会从事的语言学分析做一个铺垫。

1.8 研究语言学的常见问题

1.8.1 哪一个是正确的？——描写还是规定

大部分人都会非常熟悉在校学习语法中碰到的一系列"常见错误"，如：the man whom I saw，而不是 the man who I saw。

就语言研究的历史而言，大多数时期都侧重于规定，其目的是告诉人们应当如何说和写。作为英语学习者，你或许熟悉《薄冰语法》，这本书就是以规定为主。

然而，描写语言学却侧重客观地记录人们的口语和书面语，并不对什么是"正确的"进行评论。描写语言学家注重语言的整体，与注重语言部分的传统的规定方法形成鲜明的对照。

计算机技术的进步使语料库语言学获得飞跃，因为可以用计算机来分析大量的语篇语料。描写语言学的成果由此变得更加丰富。

语料库语言学让人们能够对现行的语言学假设提出强有力的挑战，因为它使得分析者能够研究诸如出现频率以及搭配模式的问题，要知道人脑对这二者之间的关系并不会产生直觉的印象。

应用计算机存储的语料库已有不少成果，其中之一是夸克等人（Quirk et al, 1972；1985）所著的描写性语法参考书及其他各种各样的派生成果。

1.8.2 为什么语言学有这么多术语？

我们在讨论语言时使用的仍是语言本身——这就是为什么我们需要**元语言**的原因。任何一门科学都是这样。术语虽然是研究的一部分，但希望你不会因此而感到困惑。你在阅读时，尽量先推测一下意思，然后再参考书后的术语汇编。

对于不同的流派怎么办呢？不同的流派帮助我们从不同的角度加深对语言的理解。例如，**功能派**语言学家认为像乔姆斯基等**形式主义**语言学家研究自治语言学，并认为只研究理想说话人的理想能力是不可行的，而且早期**结构主义**语言学家只关注解释语言的结构而不考虑其意义也是不可取的。但是形式主义语言学家仍在不懈努力，坚信自己的工作会对理解人类的心智做出重要贡献。

正如罗纳德·卡特所言：

> 语言学中确实会有一个主导的范式，但这不应该也不可能排除其他范式，无论理论和实践都是如此。例如，**系统功能模式**对于语言的描写，诸如由韩礼德理论发展而来或受其影响的模式就更侧重于语言的社会性研究，用以阐述语境的变化，而且通常使用实际产生的而非人为编制的数据。（Ronald Carter "Discourse Literacy" in Allison, 1998：9）

目前来讲，作为初学者，你最好忘记术语及流派所带来的诸多不便，将主要精力放在语言研究中具有普遍性的问题上，因为所有流派在这些问题上都有一致的观点，这也是本书想要呈现给读者的内容。如果遇到流派间的差别，那就先打一个问号，留待以后做进一步研究。

1.9 本章小结

祝贺你选择了这个令人激动的航程,现在,开始享受语言学带给你的挑战吧!

参考文献

Allison, D. et al. (eds.) 1998. *Text in Education and Society*. Singapore: Singapore UP Ltd and World Scientific Publishing Co. Ltd.

Chomsky, N. 2000. *New Horizons in the Study of Language and Mind*. Cambridge: Cambridge UP.

Clark, V. P. et al. (eds.) 1985. *Language: Introductory Readings*. New York: St. Martin's Press.

Cobley, P. (ed.) 2001. *The Routledge Companion to Semiotics and Linguistics*. London & New York: Routledge.

Cogswell, D. (牛宏宝译) 1996/1998. *Chomsky for Beginners*. Beijing: Oriental Press.

Crystal, D. 2002. *The English Language*. London: Penguin Books.

Eggins, S. 1994. *An Introduction to Systemic Functional Linguistics*. London: Pinter.

Halliday, M. A. K. 2003. *On Grammar*. London & New York: Continuum.

Harris, R. & G. Wolf. (eds.) 1998. *Integrational Linguistics: A First Reader*. New Oxford: Pergamon.

Hudson, R. 1995. *Invitation to Linguistics*. Oxford UK & Cambridge USA: Blackwell.

Poole, S. C. 2000. *An Introduction to Linguisitics*. Beijing: Foreign Language Teaching and Research Press & Macmillan Publishers.

Matthews, P. H. 2001. *Oxford Concise Dictionary of Linguistics*. Shanghai: Shanghai Foreign Language Education Press.

Sapir, E. 1921. *Language: An Introduction to the Study of Speech*. New York: Harcourt Brace & Company.

胡壮麟. 2009. 对语言象似性和任意性的反思. 北京大学学报(哲学社会科学版), 2009 (3).

问题和练习

1. 你认为"语言"的比较好的定义应该是什么?说明你所下的定义中为什么要包括那些因素。
2. 你是否同意"交际"是人类语言的唯一功能?

3. 收集几个机构或公司的标志,并考虑一下:该标志和该机构的活动在图像上有多大的联系?在多大程度上标志的意义取决于附加在标志旁的文字?
4. 讨论以下图片,它在多大程度上和语言的任意性有关?

玫瑰就是玫瑰,无论你叫它别的什么名字。

5. 交通灯的语言和人类语言有什么不同?

第2章
语音学：语言的声音

> 语音，既是语言的形式，也体现了语言发展的历史，因此不了解语音，就谈不上研究语言的形式或追踪语言的发展历史。
>
> ——爱德华·萨丕尔

2.1 引言

语言是一种交际工具。它本身可以有两种形式——口语或书面语。在日常生活中，我们大多是通过听说来进行交流，也就是说语言的基本表达形式是口语，因此要了解语言首先应该了解语言的声音。

不同的语言，其口语系统所使用的**语音**也不尽相同。例如，英语单词 *think* 的第一个音是 [θ]，而汉语中就没有这个音；而汉语中也有英语不使用的音，例如："张"（zhang）和"常"（chang）①中的声母（zh、ch）对于说英语的人来说就是陌生的。

要想明白人们是如何发出不同的声音的，就必须了解人类语音共有的一些物理属性和生理属性，例如：发音部位，发音方式等等。**语音学**是语言学的分支，是探讨语音的物理、生物属性的一门学科，语音学研究往往通过确立声音的属性来描述语音。

在与人交谈的过程中，我们会在瞬间发出数十个音。使用语音的过程看似稍纵即逝，其中却包含了多个步骤——首先，说话人以某种方式发出一系列声音，接着声音在空气中传播并抵达听话人耳中，最后听话人试图辨析这些语音的意义。语音学研究发音过程中的每一个步骤，由此也产生了语音学的分枝。

在这一章中，我们重点探讨语音学的一个重要分支——**发声语音学**，即人们是如何发出每一个语音的。我们将分别介绍语音的标注方法、发声器官的特点以及人们如何使用发声器官来发出具有不同语音特征的声音，同时我们也要了解元音和辅音的特点和区别。

2.2 拼写、发音和音标

我们从系统地学习拼音开始正规的汉语读写学习的，即使现在，不看拼音，我们也很少有人能识读一些生僻字，例如：篪（chí）、扃（jiōng）。

很多人是通过拼音认识汉字的。每当遇到一个生字时，拼音告诉我们这个字的读音。因为汉字的音、形差别很大，所以我们必须

---

① 在第2、3章中，括号中的符号代表汉语拼音。

通过拼音来建立音、形之间的联系。

英语的书面语是字母文字，因此人们经常通过单词的拼写猜测它的读音。例如，我们一看到"sit"或"look"就能正确地读出这两个词，这是否说明英语就是音、形完全一致的语言呢？先来看一个练习：

练习 2-1：先大声朗读下面的小诗，注意画线的单词，然后查音标检查你的读音。仅依据单词的拼写你读准了多少单词？

I take it you already know
Of tough and bough and cough and dough
Others may stumble but not you
On hiccough, thorough, lough and through
Well done! And now you wish, perhaps,
To learn of less familiar traps?

Beware of heard, a dreadful word,
That looks like beard and sounds like bird.
And dead, it's said like bed, not bead
For goodness sake don't call it "deed"!
Watch out for meat and great and threat
(they rhyme with suit and straight and debt).
A moth is not a moth in mother,
Nor both in bother, broth in brother.

显然，仅仅依据单词的拼写很难将每个单词读准。为什么呢？因为在这段小诗中存在着下列音、形不一致的现象：

（1）不同的字母或字母组合具有相同的读音：
　　kn**ow**　d**ou**gh　b**o**th

（2）同一个字母具有不同的读音：
　　t**a**ke　**a**lready　**a**nd　f**a**miliar　c**a**ll　w**a**tch

（3）数个字母对应一个音：
　　t**ou**gh　b**ou**gh　cou**gh**　o**th**ers　le**ss**　wa**tch**
　　mo**th**

（4）有的字母不发音：

k̄now　thorouḡh　rh̄yme　deb̄t

不满于英语中这种音、形不一致现象不仅仅是我们这样的"外国人"，英国大作家萧伯纳就曾嘲讽过这种现象。他说，"ghoti"和"fish"应该读音相同，因为英语中的"gh"可读作［f］，"o"可读作［i］，"ti"可读作［ʃ］，不相信的话可以读一读这几个单词："enouḡh"，"wōmen"，"nat̄ion"。按他这种推理，我们还可以说，"phych"和"fish"也应该读音相同，因为我们发现"ph"在"p̄honetics"中读作［f］，"y"在"crazȳ"中读作［i］，而"ch"在"C̄hicago"中读作 as［ʃ］。当然这只是个玩笑。

上述例子说明，即使是对于英语这种拼音语言，我们也不能依赖拼写来推测读音，因此我们就有必要使用其他的符号系统来描述语音。国际语音协会创立了这样一套系统，并将其命名为**国际音标**。国际音标主要由罗马字母组成，该体系精确地体现了语音和符号的一一对等关系。

我们可以利用国际音标给每一个单词标音。例如，"gh"在不同的单词中可能读作不同的音，通过国际音标可以标示其读音的区别：

tough	［tʌf］	bough	［bau］
cough	［tɔf］	dough	［dəu］
hiccough	［hikʌp］	thorough	［θʌre］
lough	［lʌk］	through	［θruː］

为了区别于一般的字母，使用音标时通常在音标外加方括号［　］。

2.3 发音器官

你看过口技表演吧？当你看到模仿者利用自己的身体而发出千奇百怪的声音时，一定觉得不可思议。不过，口技表演是人类发声的特例，和语音学所研究的发声大相径庭。首先，模仿者所发出的声音，如飞机起飞、火车到站、大楼倒塌等，并不是我们所说的语音。其次，模仿者**发声**所借助的人体器官，如手、胸、膝盖等，也不是通常的**发音器官**。当然，他的发声方法，如拍手、磕牙、跺脚等，也和我们通常使用的发声**方式**不同。

发音时我们会使用一些人体器官，如口、鼻等。这些器官的主要生理功能是饮食或呼吸，但在发声的过程中这些器官往往也很活跃，它们的位置或状态如果发生改变，通过的气流就会受到影响，发出的声音也不相同。研究语音，首先要学会识别**发音器官**，然后才能理解发声的过程和特点。

我们说话时能感觉到舌和喉的运动，但它们毕竟处于体内，要想一目了然地看到每一个发音器官，我们要借助图 2-1 这样的剖面图：

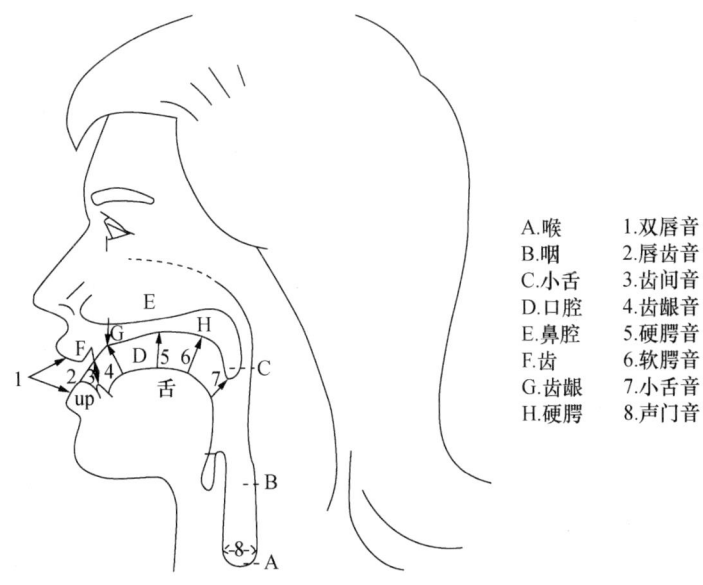

图 2-1　发音器官和发音部位

人体的发音器官就像是苏格兰风笛。吹奏前表演者须预先向一个气囊中吹些气，然后才让这些气从不同的笛中通过，以奏出不同的音乐。

发声也一样。如果我们打算一口气发出一长串音，就得先深吸一口气贮于肺中，再将气流挤入**声道**。声道可以变化出多种形状，导致气流通过后产生多种不同的共鸣特征，最后气流通过口或鼻释放。

气流通过声道时，声道的状态不同，会产生不同的共鸣效果，发出的声音也不相同。气流在声道中依次途经：（见图2-1）

（1）**喉**：也叫喉头，俗称嗓子。它是声道的起点，也是声道中可能阻塞气流的第一个发音器官。（图2-1中的A）

（2）**咽**：它是声道中的"三岔口"，引导气流进入口或鼻。（图2-1中的B）

（3）**小舌**：这是一片活动的肌肉，发声时小舌的位置决定气流离开咽腔后的去向。（图2-1中的C）

（4）**口腔或鼻腔**：口腔中有多个发音器官，如：**舌、软腭、硬腭、齿、齿龈、唇**等，气流经过口腔时，这些器官的位置、形状都会对发出的声音产生影响。（图2-1中的D和E）

有些发音器官是可以移动的，如唇、舌、小舌、喉等，它们是积极发音器官。有些器官不能主动改变形状，如硬腭，属于消极发音器官。

读懂图 2-1 所标示的发育器官的发音位置，首先要了解一些语音学术语。相当一部分语音学术语源自拉丁语或希腊语，比较难记。表 2-1 列出一些术语相对应的常用名称，以便理解和查阅。

表 2-1 语音学术语和对应的常用名称

汉语常用名称	英语常用名称	语音学术语	形容词形式
唇	lips	Labial	Labial
双唇	two lips	Bilabial	Bilabial
齿	teeth	Dental	Dental
唇齿间	between teeth and lip	Labiodental	Labiodental
齿龈	teeth ridge	Alveolar Ridge	Alveolar
硬腭	(hard) palate	Palate	Palatal
软腭	soft palate	Velum	Velar
咽	upper throat	Pharynx	Pharyngeal
喉	throat	Larynx	Laryngeal
口	mouth	Oral Cavity	Oral
鼻	nose	Nasal Cavity	Nasal

2.4 语音特征

不同的语音有不同的特征，只有了解每一个音的发音过程才能准确描述这些特征。例如，发音时声带和小舌处于什么状态和位置？气流在何处受到何种阻碍？这些因素决定了**语音特征**。

2.4.1 声带的状态：清音/浊音

将手指轻放在喉上，分别连续发"sssssss"、"fffffff"、"zzzzzzz"、"vvvvvv"四个音，你会发现在发后两个音时喉头附近发生了振动。

喉是第一个有可能阻碍来自肺部的气流的发音器官。它由**声门**和两条**声带**组成。（见图 2-2）声带是有弹性的肌肉，它在发声过程中决定音为**清音**或**浊音**。如果声带完全打开，气流就可以畅通无阻地通过声门，发声时声带不振动，发出的音为清音。如果发声时两声带靠近，则气流在穿过狭窄的通道时迫使声带振动，形成的声音成为浊音。

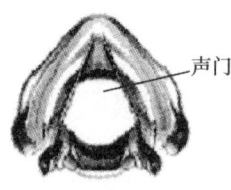 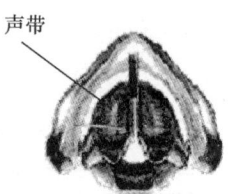

声带分开：清音　　　　　声带靠近：浊音

图 2-2　声带的位置和状态

有很多对语音在其他方面完全相同，唯一的区别就在于发音时声带是否振动，从而决定发出的音是清音还是浊音。例如，［b，d，g，v，z］是浊音，而［p，t，k，f，s］是清音。音的**浊音化**，或称为**浊音音质**，是英语的一个重要语音特征，因为它可以决定口语中词的意义。例如"big"（大）和"pig"（猪）在发音上的唯一区别就是［big］的第一个音是浊音，而［pig］的第一个音是清音。

现在请你想一想，英语中的元音是浊音还是清音？英语中还有那些成对的音发音时唯一的区别就是声带的位置、状态不同？（参见表 2-2）汉语中的元音、辅音哪些是清音，哪些是浊音？①

2.4.2　小舌的位置：鼻音/口腔音

发［p，b，m］这三个音我们都需要闭口，如果将手指放在喉部，你会发现［p］是清音，［b］和［m］为浊音。那么［b］和［m］的区别在哪呢？

现在把手指放在鼻前，再分别发这三个音，你会发现发［m］时有气流从鼻腔释放，而发［p，b］则没有。发音时如果气流能够通过鼻腔被释放，这个音就是**鼻音**，例如［m，n，ŋ］。气流不通过鼻腔的音是**口腔音**。

决定气流是否通过鼻腔的发音器官是小舌。小舌就像是一扇活动门。发音时如果小舌如果抬高，那么气流进入鼻腔的通道就会被隔断，气流就只能进入口腔，发出口腔音。如果小舌下垂，咽腔则和鼻腔相通，气流可同时经过口和鼻，这样发出的音就是鼻音。（见图 2-3）

---

① 英语的元音都是浊音，辅音则有清、浊之分。浊音化的语音特征在汉语的发音中不突出，例如"怕"和"爸"发音的不同并不在于它们是清音还是浊音。第三章中对此有详细介绍。

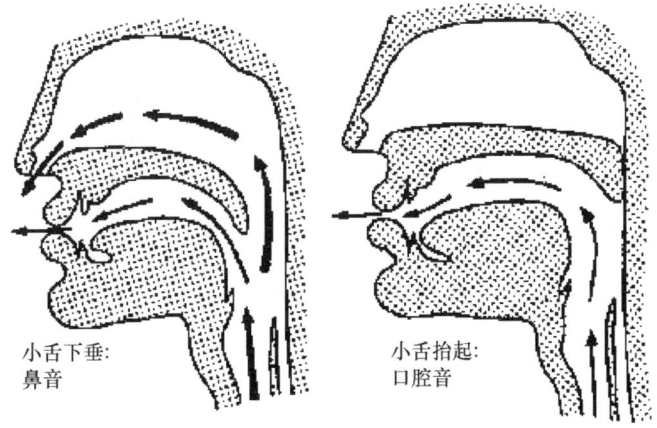

图 2-3 小舌的位置

汉语、英语中大多数的语音均为口腔音。两种语言中也都有鼻音：[m, n, ŋ]，例如，英语单词"dean"、"team"、"ring"分别读作[diːn], [tiːm], [riŋ]；汉语中也有[ma]（如：吗、马、码、骂），[lin]（如：拎、林、懔、吝）和[liŋ]（如：灵、领、令）。

2.4.3 发音部位

仅凭浊音化和鼻音化这两个语音特征，我们无法区分[b]、[d]和[g]这三个音，因为它们都是口腔浊音，但是这三个音彼此并不完全相同。那就让我们通过发音来寻求区别这三个音的语音特征。

我们发现，发这三个音时，我们的唇和舌位置在变化：

发[b]时，我们要先让双唇合拢。这种音叫**双唇音**，因为发音部位是双唇。

发[d]时，舌尖先靠近齿龈再离开，这是一个**齿龈音**。

发[g]时，舌后靠近软腭，这样的音叫**软腭音**。

由**发音部位**定义的音还有：

唇齿音：由下唇和上齿产生。例如："feel"中的清音[f]，"veil"中的浊音[v]。

齿间音：产生于舌尖和上齿间。例如："thank"中的清音[θ]，"then"中的浊音[ð]。

硬腭音：产生于舌和硬腭间。例如："fish"中的清音[ʃ]、"usual"中的浊音[ʒ]、"yet"中的浊音[j]。

声门音：发音部位为声门，由两条声带的移动产生。例如："house"中的［h］。

发音部位是一项重要的语音特征。"fin"和"thin"之所以是两个词，是因为其中的辅音［f］和［θ］发音部位不同；"see"和"she"在发音上唯一的区别也是［s］和［ʃ］发音部位不同。例如：［f, θ, s, ʃ］四个音的区别就是它们的发音部位不同：

音	浊音化	鼻音化	发音部位
［f］	清音	口腔音	唇齿音
［θ］	清音	口腔音	齿间音
［s］	清音	口腔音	齿龈音
［ʃ］	清音	口腔音	硬腭音

图 2-1 中用箭头标出了常见的发音部位，表 2-2 中列出了英语辅音的发音部位。

2.4.4 发音方式

练习 2-2：浊音化、鼻音化和发音部位都是重要的语音特征。现在我们看下表中所列出的辅音，你能准确地辨别这六对音相互间的区别吗？

	音	浊音化	鼻音化	发音部位
(1)	［t］ ［d］	**清音** **浊音**	口腔音 口腔音	齿龈音 齿龈音
(2)	［d］ ［n］	浊音 浊音	**口腔音** **鼻音**	齿龈音 齿龈音
(3)	［d］ ［b］	浊音 浊音	口腔音 口腔音	**齿龈音** **双唇音**
(4)	［d］ ［z］	浊音 浊音	口腔音 口腔音	齿龈音 齿龈音
(5)	［ʃ］ ［tʃ］	清音 清音	口腔音 口腔音	硬腭音 硬腭音
(6)	［d］ ［l］	浊音 浊音	口腔音 口腔音	齿龈音 齿龈音

从表中我们可以看出，第一对音［t, d］可以通过浊音化这一语音特征区分，第二对音［d, n］通过鼻音化区分，第三对音［d, b] 的发音部位不同。但是仅通过介绍过的这三种特征，我们仍无法区分 (4) - (6) 对中的音。因此我们还必须了解其他的语音特征。

在这一节我们介绍**发音方式**，即发音器官是如何运动、协作，对气流施加影响，以发出不同的语音的。我们将重点介绍**爆破音**、**摩擦音**、**破擦音**、**无摩擦连续音**。

2.4.4.1 爆破音

假如在发 [p, b, t, d, k, g] 音时将一张纸条放在口前，你会发现在气流"冲出"口腔的刹那，纸条会忽然向前抖动。产生这种现象的原因是：在发上述语音的过程中，发音器官曾令气流在口腔中一度完全受阻，然后才将其突然完全释放。这种以气流瞬间受阻，随后完全释放的方式发出的音叫爆破音。

2.4.4.2 摩擦音

发 [s, z, f, v, ʃ, ʒ, θ, ð] 时，口前的纸条不会突然抖动，但是会持续飘浮，你会感觉到口腔有一股较弱气流徐徐向外流动。发这一组音时，会有两个发音器官相互靠近，在某一位置形成狭窄的通道，气流在经过这一通道时部分受阻，产生摩擦。以这种方式发出的音叫摩擦音。

2.4.4.3 破擦音

将以上两种发音方式结合起来发出的音就叫破擦音，例如 [tʃ, dʒ]。发这两个音时，先将舌尖贴向齿龈，使气流完全受阻（和发 [t, d] 的第一步相同）。然后形成阻碍的发音器官（舌和齿龈）不是突然完全分开，而是缓缓打开，并形成狭窄通道（和发 [ʃ, ʒ] 相同），气流在此仍产生摩擦。破擦音实际上是结合了爆破音发音方式的第一步和摩擦音的发音方式。

2.4.4.4 无摩擦连续音

发 [j, w, r, l, h] 时，气流只受到很微弱的阻塞，它们被称作无摩擦连续音。这些音极易受到相邻音的影响。

介绍完了发音方式，我们再回头看看练习 2-2, (4) - (6) 每对音的发音方式相同吗？[①]

2.4.5 **辅音的语音特征**

描述辅音时，我们可以借助于上文介绍的语音特征，即:

[①] (4) - (6) 中每对音的发音方式均不同：(4) [d] 是爆破音，[z] 是摩擦音；(5) [ʃ] 是摩擦音，[tʃ] 是破擦音；(6) [d] 是爆破音，[l] 是无摩擦连续音。

（1）浊音化（清音/浊音）：取决于发音时声带的状况；
（2）鼻音化（鼻音/口腔音）：取决于气流是否经过鼻腔；
（3）发音部位：取决于气流在何处受到最强的阻碍；
（4）发音方式：取决于发音器官对气流施加何种方式的影响。

表2-2总结了英语常用辅音的语音特征。

表2-2 英语辅音的语音特征

发音方式		发音部位 双唇音	唇齿音	齿间音	齿龈音	硬腭音	软腭音	声门音
鼻音		m			n		ŋ	
口腔音	**爆破音** 清音 浊音	p b			t d		k g	
	摩擦音 清音 浊音		f v	θ ð	s z	ʃ ʒ		
	破擦音 清音 浊音				tʃ dʒ			
	无摩擦连续音 清音 浊音				r, l	j	w	h

2.5 元音

请你大声朗读下图中的文字："t's tm fr m t kp slns"。是不是有点难？为什么呢？因为这一串字符通常对应的读音是辅音，而辅音是不可能响亮的。

再请看下列汉字，它们的读音有何异同？

拉（la）　　乐（le）

历（li）　　录（lu）

来（lai）　　老（lao）

楼（lou）　　累（lei）

这些汉字读音的相同之处在于它们的第一个音都是辅音［l］，不同的是［l］后的元音。

元音是语音中重要的一部分。它帮助人们区分词义，而且决定声音的大小、高低、长短以及音色。

元音、辅音的重要区别在于发音方式的不同。发辅音时，气流或多或少地在声道中受阻。而发元音时，气流不受发音器官的阻碍，因此在声道中畅行无阻。元音、辅音的区别也不是绝对的。有些音，例如无摩擦连续音［r, l, w, j］，在发音时气流在声道中受到的阻碍是微乎其微的，它们的语音特征似乎接近元音，所以它们又被称作**半元音**。

2.5.1 描写元音

上文中提到，我们通过发音部位、发音方式等语音特征描写辅音，也就是说我们观察气流在发音时如何受阻，在何处受阻。但是在发元音时，不存在两发音器官彼此接近造成气流受阻的情况，我们应该借助什么语音特征来描写元音呢？

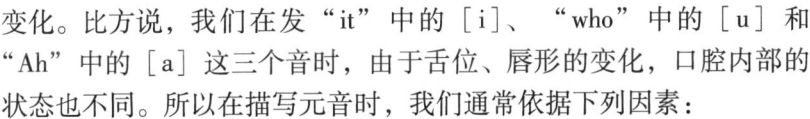

如果我们看一下人们发元音时的 X 光片断，会发现发音人舌头的位置和双唇的形状在不停地变化。比方说，我们在发"it"中的［i］、"who"中的［u］和"Ah"中的［ɑ］这三个音时，由于舌位、唇形的变化，口腔内部的状态也不同。所以在描写元音时，我们通常依据下列因素：

（1）舌的最高点的垂直位置——**高、中、低**。
（2）舌的最高点的水平位置——**前、央、后**。
（3）**圆唇化**程度——圆唇或展唇。

例如，发［i］时，舌面的前部抬高，舌的最高点为高位。发［ɑ］时，舌面的前部降低，后部抬高，但是抬高的程度较低。发这两个音时，双唇都呈舒展状。所以，我们说［i］是"高元音、前元音、展唇音"，而［ɑ］是"低元音、后元音、展唇音"。图2-4标明了发［i］和［ɑ］时舌的形状和位置。

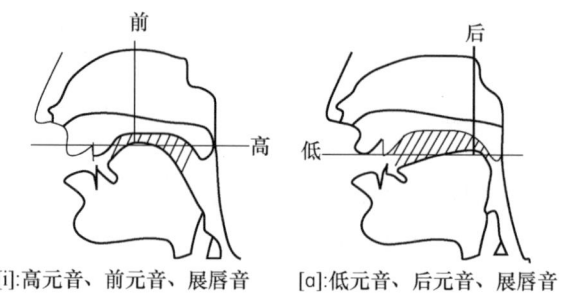

图 2-4　元音发音时的舌位变化

2.5.2　基本元音系统

用"高"、"低"、"前"、"后"来描写元音意义不够明确,因为要把一个点定义为"高"或"低",就必须借助于一个参照点。例如,我们可以说:"［x］是 高元音,因为发这个音时,舌抬高的程度高于发［y］时舌抬高的程度。"这表明描写元音需要一些参照音。**基本元音系统**就定义了一些这样的"标准"元音,我们可以先将需要定义的元音与这些参照音进行对比,然后进行较为精确的描述。

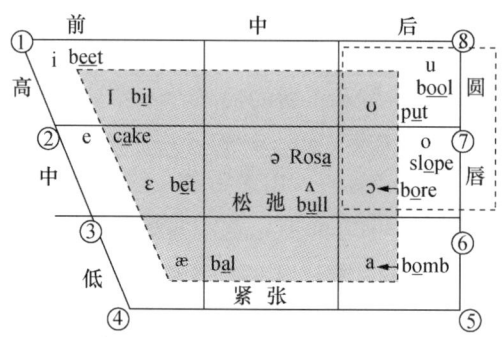

图 2-5　基本元音图

基本元音系统可以通过图来表示(见图 2-5)。此图模拟了口腔的形态:"高"点比"低"点更接近硬腭,"前"点比"后"点更接近双唇。图中的 8 个黑点叫**主要基本元音**,代表 8 个主要的标准参照点。

基本元音 1 被定义为元音中的最高、最前点,也就是说在保证气流在口腔中不产生摩擦的情况下,舌能向前向上抬高的极点。基本元音 5 则是元音中的最低、最后点,是发元音时舌可能向后、降低的极点。从基本元音 1 依次降低舌位得出基本元音 2、3、4。同样，从基本元音 5 依次抬高舌位，得出基本元音 6、7、8。我们可以将任意元音添加到这张图上，通过与基本元音的对比来描写该元音的发音特征。

2.5.3 双元音

前面我们讨论的元音都是**单元音**。还有些元音是由两个单元音在一个音节中紧密结合而成，发音时由第一个元音滑向第二个元音，叫做**双元音**。双元音在语音学中仍然被视作单个语音。

双元音中的语音滑动也有很多中，例如［ai］就是由低元音［a］滑向高元音［i］；而［iə］是由前元音［i］滑向央元音［ə］。

2.6 本章小结

语音学研究语音的物质属性。要研究人类语言的声音特点，就必须了解发音时各发音器官的状态。

语音有两大分类：元音和辅音。辅音可以通过发音时的发音方式、发音部位、小舌位置和声带的状态来定义。描写元音的要点包括：舌面抬高的位置、高度以及双唇的形状。我们可以通过与基本元音的对比来更准确地定义元音。

拼写和发音之间存在不一致的情况。国际音标是国际通用的标音符号系统。

参考文献

Clark, J. & Yallop, C. 2000. *An Introduction to Phonetics and Phonology*. Beijing: Foreign Language Teaching and Research Press & Blackwell Publishers.

Cruttenden, Alan. 2001. *Gimson's Pronunciation of English*. Beijing: Foreign Language Teaching and Research Press.

Fromkin, V. & Rodman, R. 1993. *An Introduction to Language*. Orlando: Harcourt Brace College Publisher.

Poole, S. C. 2000. *An Introduction to Linguistics*. Beijing: Foreign Language Teaching and Research Press & Macmillan Publishers.

Prater, C. H. 1972. *Manual of American English Pronunciation*. (3rd ed.) New York: Holt, Rinehart and Winston.

Ladefoged, Peter. 2006. *A Course in Phonetics*. Boston: Thomson & Wadsworth

Publishing.

Reetz, Henning & Longman, Allard. 2008. *Phonetics*: *Transcription*, *Production*, *Acoustics*, *and Perception*. London: Blackwell.

Roach, Peter. 2008. *English Phonetics and Phonology*: *A Practical Course*. Beijing: Foreign Language Teaching and Research Press.

Tinkel, A. J. 1988. *Explorations in Language*. Cambridge: Cambridge University Press.

问题和练习

1. 国际语音协会热衷于推广国际音标。该协会所出版的官方杂志《语音大师》中的文章全部用标音法来标写。假如你是该杂志的编辑，决定在杂志上刊登本章练习2-1中的小诗，你将如何用国际音标标示这首小诗？
2. 请指出下列语音特征所描写的语音：
   （1）voiced bilabial stop
   （2）voiceless alveolar fricative
   （3）voiceless glottal
   （4）bilabial nasal
   （5）voiced palatal affricate
3. 史密斯先生（Smith）在上班的路上看到汤姆。汤姆感冒了，但还是向史密斯先生问了早安。汤姆的话可以用音标标示为/bɔːbig bistə sbiəθ/。你知道汤姆到底想说什么吗？
4. 下列每一行中，A栏和B栏的音在某一个语音特征上有明显的不同。请指出这个语音特征。

	A.	B.
（1）	[æ] [a]	[i] [u]
（2）	[i] [e]	[u] [ɔ]
（3）	[p] [d] [t] [b]	[f] [v] [s] [z]
（4）	[m] [n] [ŋ]	[o] [b] [a] [g]
（5）	[s] [f] [p]	[z] [v] [b]
（6）	[s] [z] [t] [d] [n] [l]	[k] [g] [ŋ]

第 3 章

音系学：语音的模式

> 音位分析所关注的核心问题是：单词或短语中某些音的变化会导致语义的改变，而某些音的变化不会对语义产生影响。
>
> ——戴维·克里斯特尔

3.1 引言

迪斯尼的卡通片《狮子王》里有这样一段故事：小狮子辛巴王子离开自己的王国，流浪到一片丛林里。在那儿，他结识了新朋友膨膨和丁满，他开心地和朋友们玩耍，还学唱他们的歌，但是他发现这些歌的发音很怪。为什么呢？因为片中的辛巴说的是英语，而英语中没有丁满歌中的［tʃk］、［dʒg］这样的语音序列。然而，［tʃk］、［dʒg］在非洲语言斯瓦希里语中却是常见的语音组合。

但是我们知道，［tʃ］、［k］、［g］、［dʒ］是英语的常用辅音，例如："cheek"中的［tʃ］和［k］，"giga"中的［dʒ］和［g］。那为什么辛巴觉得［tʃk］、［dʒg］这样的发音奇怪呢？原因是这样的语音序列违背了英语的**语音模式**。

通过第二章中关于语音学的介绍，我们对人类语言的声音有了初步的了解。我们也发现，不同的语言，例如汉语和英语，使用的语音和语音的模式并不相同。这一章，我们将学习重点从单一的音转向语言的声音体系，也就是不同的语言所具有的不同的语音模式。我们将分析单一的音和语言中有意义的声音序列的关系。首先，我们可以考虑以下问题：

（1）如何辨别某个音在一门语言中是否起作用？

（2）当一个音在语音序列中所处的位置不同时，这个音是否有变化？

（3）单个的音如何组合为语音序列？

（4）除了语音特征外，口语中还有什么因素可以表达话语的意义？

上述问题就是**音系学**研究的要点。

音系学、语音学的研究是密不可分的。音系学强调语音在某一门语言中的功能、意义，但是对于意义的分析要依赖于语音学所提供的语音的特征。因此本章在探讨上述音系学问题的过程中必须要借助语音学的知识。

3.2 区别性语音

烹调的第一步是什么？是考虑需要什么原料。市场上的货物很丰富，我做的这道菜需要什么呢？如果把音系学的研究比作烹饪，那我们首先要寻找的也是原料——只是，对于语言这道菜而言，我们要找的是所研究的这门语言会用到哪些语音。

口语中的句子都是由语音这个最基本的声音单位构成的。任意一个英语句子经过不断切分，其最小成分不外乎是我们在表 3-1 所列出的 20 个元音和 24 个辅音。对此我们不由要提出两个问题：第一，人类的发音器官可能发出的声音远远超出 44 个，为何英语仅仅限于这些音呢？第二，这 44 个音在英语的声音系统中是如何起到表达千变万化的意义的作用的呢？

3.2.1 最小对立体

例 3-1：

  男士：Fish!　　　　　　（鱼！）
  女士：Dish! …Dine?　　（好菜！……晚餐？）
  男士：Fine.　　　　　　（好主意。）

请看左边的这副漫画。这两位的对话只用到几个音，却表达了多么丰富的意思：钓鱼的男士看到鱼上钩了，他喊了起来："fish"［fiʃ］，旁边的女士立刻想到这能做成一道好菜，于是她说："dish"［diʃ］。同时女士还想提议同进晚餐，于是说："dine"［dain］，男士回答："fine"［fain］，表示他同意了。

再看［fiʃ］／［diʃ］、［fain］／［dain］这两对词，每对词的语

音结构很相似，只是第一个音不同，但恰恰是这第一个音使英语的"fish"和"dish"、"fine"和"dine"意义完全不同。

在音系学上，我们把具有诸如"fish"和"dish"、"fine"和"dine"这样语音关系的词对称为**最小对立体**。最小对立体中的两个词具有类似的语音序列，但在一处的音是不同的，而这一处不同导致了这一对词意义的不同。比如说，［fiʃ］中的［f］和［fiʃ］中的［d］发音不同，所以［tiʃ］是"鱼"，而［diʃ］是"菜"。

每一对最小对立体中都有两个"关键性"的音，这两个音使最小对立体中的两个词的意义区别开来，在音系学中，这两个音被称作呈**"对立分布"**关系。之所以这样说，是因为用一个音替代同样位置的另一个音，词义会产生根本的变化。如果一个音在一门语言中具有这样区别性的功能，它就是构成这门语言的声音系统的重要单位之一，我们称它为**音位**。习惯上我们将音位放在斜线括号而非方括号里。所以，最小对立体［fiʃ］/［diʃ］、［dain］/［fain］让我们了解/f/、/d/是英语的音位。

练习 3-1：利用最小对立体测试法，我们可以判断一门语言中哪些音能导致意义变化，即该语言的音系由哪些音位构成。现在请看下面4对词，我们是否能通过它们判断哪些音是英语音系的音位？

seed［siːd］/ deem［diːm］　　soup［suːp］/ seem［siːm］
wood［wuːd］/ foot［fuːt］　　sky［skai］/ skip［skip］

我们在进行最小对立体测试时应记住，用来测试的一对词必须具有类似的语音序列，而且只有一处的一个语音不同，否则它们不构成最小对立体。练习3-1中的这四对词不符合最小对立体的条件，例如：［s iː d］和［d iːm］有两处音不同，［sk ai］和［sk ip］的语音序列不同，［sk ai］是由"辅音+辅音+元音"构成，而［sk ip］由"辅音+辅音+元音+辅音"构成，所以也不适合用来测试音位。

3.2.2　区别性特征

在第二章中我们介绍了语音特征，根据语音特征我们可以辨别音与音之间的不同。例如，/p, t, k/和/b, d, g/的不同在于第一组音是清音，第二组是浊音。这样，浊音化这个语音特征也可以作为我们区别语音的参照，这样的特征称为**区别性特征**。区别性特征既可以帮我们将一个音和另一个音区分开，也可将一组音和另一组音区分开。

区别性特征的作用相当于一个双向开关，而一个语音的特点要由数个开关来决定——某些语音特征开关是打开的，某些特征开关是关闭的，将所有这些开关的情况综合起来就构成了对音的描述。在音系学上，每一个开关都有一个名字，如【浊】、【连续】等，我们用"＋"表示一个音具有这种特征，"－"表示不具有该特征。例如，浊音的【浊】开关是打开的，我们将其标示为【＋浊】，清音被标示为【－浊】。

区别性特征包括第二章提到的语音特征，但仅凭这些还不足以标示所有的音的区别。所以音位分析中又借助了另外一些语音特征，例如【连续】。一个【＋连续】的音在发音过程中气流连续经过口腔，例如摩擦音/f, v, θ, ð, s, z, ʃ, ʒ/，某些无摩擦连续音/l, r, h/。而爆破音，如/p, b, t, d, k, g/，鼻音，如/m, n, ŋ/，不是连续音，因此被标示为【－连续】。一个区别性特征将所有的音分为两类，如连续音或不连续音。

音系学中的区别性特征有二十来个，例如还有【鼻音】、【唇音】等。我们可以借助区别性特征描写音位的具体特征，如下表的描述就体现了/p/、/b/、/m/三个音的异同：三个音都是【－连续】、【＋唇音】，但/p/和/b/的不同在于【浊】；/p/和/m/的不同在于【浊】和【鼻音】；/b/和/m/的不同在于【鼻音】。

	p	b	m
连续	−	−	−
唇音	＋	＋	＋
浊	−	＋	＋
鼻音	−	−	＋

3.2.3 互补分布

在下列的音标中，/p/ 被标示为三种不同的形式：

pat　［pʰæt］　　pit　［pʰit］　　pot　［pʰɔt］
spat　［spæt］　　spit　［spit］　　spot　［spɔt］

tap ［tæp⁼］　　*tip* ［tip⁼］　　*top* ［tɔp⁼］

上述的音标中增加了标示语音的细微特征的符号。这些细微特征的改变不见得会改变语义，但是从音位分析的角度看，我们有必要注意到这些细微的差别。这种包含语音细微特征的标音法被称为**严式标音**，而我们通常在字典上所看到的标音法都不描述这些细微特征，称为**宽式标音**。

我们可以亲身感受一下这些音的细微差别。将手放在口前，然后分别说"pat"、"spat"这两个单词。你会发现说"pat"时，手感受到更强的气流冲击。语音学上把这种发音时伴随较强的送气过程的音叫送气音，音标中用右上符"ʰ"标示。说"tap"、"tip"、"top"时，/p/音是几乎不送气的，用右上符"⁼"标示。因此英语的/p/音可能有三种具体的发音方式：略送气、送气的、不送气的。

仔细观察这三种发音方式的分布情况，我们发现其分布不是杂乱无章的，也就是说我们可以通过规律来预测发音的细微特征。对于/p/而言，其规律为：

（1）当/p/出现在词首时，发音时送气，如：［pʰæt］、［pʰit］、［pʰɔt］；

（2）当/p/出现在词尾时，发音时不送气，如：［tæp⁼］、［tip⁼］、［tɔp⁼］；

（3）当/p/出现其他位置时，发音时略送气，如：［spæt］、［spit］、［spɔt］。

通过对于/p/进行的音位分析，我们可以得出如下结论：

（1）英语中的/p/有三种有细微差别的发音方法；

（2）一个音的发音上的细微差别不是随意的，而是有规律，可以通过音出现的位置预测。

通过描述/p/在不同的音系环境下所出现的有规律的发音变化，我们实际上是在归纳**音系规则**，或叫**音位学规则**。

有一点值得注意，就是这些具有细微差别的音从不出现在相同的位置：［pʰ］、［p］不会出现在词尾，［p⁼］、［p］不会出现在词首。我们知道，［pʰ］、［p］、［p⁼］之间的关系不是对立分布，而是**互补分布**。

呈互补分布的音不会出现在相同的语音环境中。例如，人们一般不会把"pat"中的/p/读作［p］，否则会听来不正常，但是说话人把"pat"发成［pæt］也不至于让听者误解为其他的意思。也就是说这几个音之间的细微差别不会导致语义的区别。这样的音不被认作是一种语言的音位，而是**音位变体**。

3.2.4 音位和音位变体

英语的书面语用到 26 个字母。在实际书写中，每个字母都可能以不同的字体、字号、颜色出现。因此，我们心目中的英文字母不是一个固定的形式，而有不同的变体。例如字母"a"可以写成"a"、"α"、"A"等，它可以比一座楼还高，也可以比蚂蚁还小。不管以上面哪种形式出现，它在我们心中还是 26 个字母中的第一个字母。但是，这样的变化也不是无疆无界的，如果有人把"a"写成了"u"或"o"，我们就不会认为它是 26 个字母中的首字母了。

同样，音位也有不同的表现形式。对于语言使用者而言，音位是个抽象的概念，在具体使用中以不同的形式出现。同一个音位，不同的说话人、在不同的情况下会将它发成有细微差别的音子，这就是该音位的变体。

就英语的爆破音而言，[pʰ]、[p̚]、[p] 是我们可以预测到的音位 /p/ 的变体，它们呈互补分布关系。在发音时，用一个变体取代另一个变体不会导致词义的变化。

3.2.5 "超人"的故事

音位和音位变体的关系很容易令人发蒙，我们可以通过超人的故事进行类比，以理清思路。

《超人》影片中的超人和克拉克·肯特是同一人，可是他们从外貌到行为的差别都挺大，而且他们从来不出现在相同的环境中：克拉克可能去旅行、去超市购物或和路易丝约会，而超人总是出现在危急关头，比方说地球即将毁灭之时。

超人和克拉克从不同现，这说明他们呈"互补分布"。如果把他们比作声音，那他们就是一个音位的两个变体：［超人］和［克拉克］。

那么这两个变体是哪一个音位的变体呢？超人只出现于英雄再世的片刻，克拉克是一个现实生活中的平常人。但是，作为观众，我们心目中有一个将这两个个体合二为一的人物，他就是产生变体的音位。

为了使这个类比更接近音系学原理，现在我们将蝙蝠侠也加入到这个类比中。蝙蝠侠也只出现于危难时刻，而布鲁斯·韦恩出现在普通人的生活中。［蝙蝠侠］和［布鲁斯］呈互补分布，是一个音位的两个变体。

但是，［超人］、［蝙蝠侠］不是同一个音位的变体，因为如图中所示，危难关头，这二位可同时出现各司其职，也就是说他们呈对立分布。作为观众，我们知道他们根本不是同一个人，也不可相互取代，所以说如果他们是语音，他们代表的是不同的音位。

现在让我们用更直观的方法体现这种错综复杂的关系。我们用［X^1］代替超人，［X^2］代替克拉克·肯特，用/X/代替观众心目中那个融超人和克拉克于一体的人。同样，［Y^1］代表蝙蝠侠，［Y^2］代表布鲁斯·韦恩，/Y/代表融蝙蝠侠和布鲁斯·韦恩于一体的人。他们之间的关系如图3-1所示：

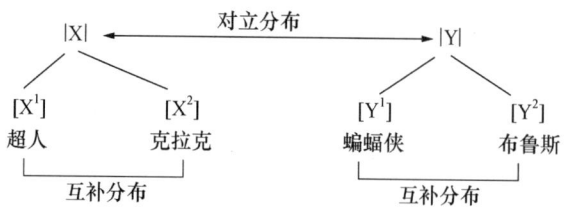

图3-1 "超人"类比中的音位和音位变体

现在我们把［X^1］、［X^2］视作音位/X/的变体，把［Y^1］、［Y^2］视作音位/Y/的变体，你是否觉得个中的关系一目了然了呢？

3.2.6 音位体系

一门语言的音位体系包括所有在该语言中起到区别语义作用的音位。所以，当我们说英语有24个辅音、20个元音时，实际上指的是英语的44个音位。(见表3-1)但是,这并不意味着我们说英语时只可能发出44个不同的音。记住:在实际说话时,每个音位都可能有多种体现形式。

表3-1 英语的音位①

元音		辅音	
音标	例词	音标	例词
ʌ	cup, luck	b	bad, lab
ɑː	arm, father	d	did, lady
æ	bat, black	f	find, if
ə	away, cinema	g	give, flag
e	met, bed	h	how, hello
əː	turn, learn	j	yes, yellow
i	hit, sitting	k	cat, back
iː	see, heat	l	leg, little
ɔ	hot, rock	m	man, lemon
ɔː	call, four	n	no, ten
u	put, could	ŋ	sing, finger
uː	blue, food	p	pet, map
ai	five, eye	r	red, try
au	now, out	s	sun, miss
ou/əu	go, home	ʃ	shine, dish
εə	where, air	t	tell, root
ei	say, eight	tʃ	child, teach
iə	near, here	θ	think, tooth
ɔi	boy, join	ð	this, mother
uə	pure, tourist	v	vine, twelve
		w	wet, window
		z	zebra, lazy
		ʒ	usual, pleasure
		dʒ	juge, bridge

---

① 此表参照标准英国英语发音。

不同的语言其音位体系不同。在一门语言中被认作音位的两个音在另一门语言中可能不起区分语义的作用，因此被视作音位变体。例如，在英语中，"bit"和"beat"是最小对立体，因此，/i/、/i:/是英语的两个音位。而汉语中（i）音的长短不影响语义，所以拼音中只有一个（i）音。我们中国人在学英语时有时受母语影响，不太善于区分"bit"和"beat"、"ship"和"sheep"。下面这段对话中，来自中国的 Wang 和来自美国的 Amy 就是由于/i/、/i:/的问题产生了误会：

例 3-2：

Amy：Hey! How was your trip? Did you fly or travel by train?
（嗨！旅途顺利吧？乘飞机还是乘火车来的？）
Wang：No, I came by [ʃi:p].
（都不是。我乘船 [ʃi:p] 来的。）
Amy：[ʃi:p]? You must mean [ʃip].
（[ʃi:p]? 你是不是说船 [ʃip]?）
Wang：Yes, that's what I said— [ʃi:p].
（对，我说的就是船——[ʃi:p]。）

也有些在英语中只是音位变体的音，到了汉语中成了区别性的音位。例如：[pʰ] 和 [p] 在英语中是/p/的变体。如果有人说 [spʰi:k]，英国人还是不会误解他的。但是在汉语中这两个音是不能相互替代的，例如：下面的例子中，每对两个字表达的意义大不相同，其发音的区别就是 [pʰ] 和 [p] 的送气和不送气之分。所以，[pʰ] 和 [p] 是汉语音位体系中的两个音位，在汉语拼音中分别用（p）和（b）标示。

胖[pʰaːŋ]/棒[paːŋ]　　铺[pʰu]/布[pu]　　匹[pʰi]/比[pi]

你还能找出一些例子说明不同语言语音位体系的异同吗？

3.3　超音段特征

回过头来看一看关于烹调的类比。了解了语言的音位体系相当于为要做的菜找齐了原料，当然要做一道好菜还需要调味品，我们还得考虑这道菜是否需要油盐酱醋，需要多少，何时添加为妥。

说话中的调料就是语言的韵律特征，例如：音长、音高、重音、声调等。韵律特征是音系学研究的一个重要方面，它们的使用不仅能使人们说话显得抑扬顿挫，而且它们本身还可以传达语义。没有韵律的语言是枯燥无味的，如果老师讲话慢条斯理、语调平淡，学生往往会不知所云，甚至打起瞌睡来。

因此，音系学不仅研究单个的音，还研究语言的**超音段特征**，如：单个的音是如何结合为较长的语言单位的，哪些韵律特征在一门语言中起作用、如何起作用？

3.3.1 音节和音节结构

人们对于音节似乎有一些本能的认识，比如说，我们看到"phonology"这个词时不难发现它有 4 个音节，如果比较仔细的话，也能看出"antidisestablishmentarianism"中包括 10 个音节。但是音节到底是什么，为什么要讨论音节这个概念？

人们说的话是由一些声音序列组成，我们用"音节"这个词来指代最小的语音序列。音节与书面语中的拼写无关，在听话时音节更容易得到识别。一个音节可能：

（1）对应一个词（一个**单音节词**），例如："you"［juː］；

（2）对应词的一部分（一个**多音节词**），例如："unit"中的［juː］和［nit］；

（3）连接两个词（尤其是说话人语速较快时），例如："could you"［kədʒu］中的［dʒu］。

下面我们来谈谈音节结构。首先看一个简单的例子："cat"［kæt］。［kæt］由一个音节构成，其语音序列为：C（辅音）V（元音）C，至此我们说一个音节可以由一个"辅音+元音+辅音"的序列构成。再看另外一些单音节词：

tea［tiː］ CV   a［ei］ V
at［æt］ VC   tree［triː］ CCV
ask［ask］ VCC   skit［skit］ CCVC
task［task］ CVCC   stamp［stæmp］ CCVCC
strap［stræp］ CCCVC   stray［strei］ CCCV
strength［strenθ］ CCCVCC   strengths［strenθs］ CCCVCCC
sixths［siksθs］ CVCCCC

通过这些例子，我们发现：单音节词的共性是该词中有且只有一个元音；不同点在于元音前后的辅音数不同。元音前可能有0—3个辅音，元音后可能有0—4个辅音。所以我们可以用如下结构描述英语的音节结构：（括号中为可选部分）

(C (C (C))) V(((C) C) C) C)

汉语的音节结构又是怎样的呢？①

3.3.2 重音

人们在说话时每一个音节上所使用的力度是不同的，有的音节会因此成为**重音**。重音显得突出，是因为发音时说话人在这个音节上提升了音高、响度和长度。大多数英语单词有一个重音，长达三个或三个以上音节的单词会有两个重音：**主重音和次重音**。主重音往往通过音节左上方的小竖线"ˈ"标示，次重音通过左下方的小竖线标示。例如：

例 3-3：

ˈminister　　　　apˈpointment　　　　ˌfundaˈmental

重音也有语义功能，其位置的变化有时会改变一个语音序列的语义。下面这组短语的意义和短语重音的位置有着密不可分的关系：

ˈtightrope：杂技演员用的钢丝

tightˈrope：拉紧的绳索

ˈhotdog：热狗（面包的一种）

hot ˈdog：感到热的狗

ˈWhite House：白宫

whiteˈhouse：白色的房子

The White House is not necessarily a white house.

句子重音一般在实词的重音音节上。如果你远远地听到有人在谈论政治，也许你只听见了几个实词："…president…left…White House…evade…conflict…"。有很多虚词你没听见，但你也能猜个大概："The president has left the White House to evade a conflict on…"

---

① 汉语中最常见的音节结构为CV，如［pa］（爸）和［li］（历），也有些CVC结构，如［lin］（林）和［liŋ］（令）。

（总统离开白宫以求逃避一场冲突……）。实词在句子中的地位举足轻重，所以在发音上也得到重视。一个句子中最重要的意义往往由最后一个实词表达，该实词的重读音节成为句子重音。

有时候说话人会特意改变重音位置以求表达特别的意思。例如：说"I am ˈ**glad** to see you"（很高兴见到你）时强调了"glad"（高兴）。但是如果我们想表示我们对其他人不感兴趣，只想见听话人"you"，就可以把重音放在最后一个音节上：

I am glad to see ˈ**you**.

如果想表示自己才是真正想见听话人的人，也可以强调第一个音节：

ˈ**I** am glad to see you.

这个例子说明，如果我们把并非最后一个实词的重音音节作为句子重音，就是通过语音的韵律特征传达了对比性的语义——通过特殊的韵律手段突出表现特别的语义。

总之，在说话中，句子的音节呈现不同的韵律特征。句子重音最为突出，因为在整个一句话中，这个音节的音最高、最响、最长；与之相比，短语重音显得次要，但仍然强于其他音节；声音最弱的是虚词，如"a"、"an"、"and"、"the"等。在说话时，为弱化虚词、强化重点词，说话人就得不停地改变自己的音高、音长和声音的响度，因而，语言也具有了韵律和节奏。

不同的语言有不同的节奏模式。说英语的人往往觉得其他语言的节奏过于单一——每个音节的高低长短几近一致，一句话说出来让人感觉像是一对士兵在列队齐步走。（见图 3-2）

图 3-2　语言的节奏 – 1

相比较而言，英语的韵律则显得高低起伏、错落有致。如果我们把英语中音的高低长短用人的高低胖瘦来代替，则英语的韵律节奏如图 3-3 所示：

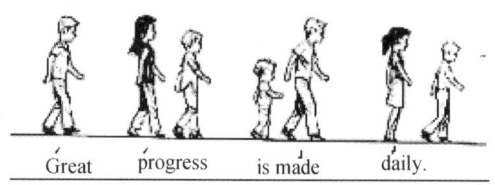

图 3-3　语言的节奏 -2

3.3.3　语调和声调

世界上大部分的语言是声调语言。例如，汉语中同一个音可以有 5 种不同的声调，一个（ma）可以有五个声调，每个调的意思也不同："妈"（mā）、"麻"（má）、"马"（mǎ）、"骂"（mà）、"吗"（ma）。声调在英语中不会影响语义，说 *Màrs* 还是 *Márs* 也许是个人的喜好，也许是语境的需要，但不会改变这个词的意思。

有时候我们会听到人们说，"我用升调问"或"他用降调答"，这谈的是语调问题。音乐需要调，说话也一样，人们通过调节调的高低来实现语调。我们可以通过乐谱的形式来展示语调。例如：

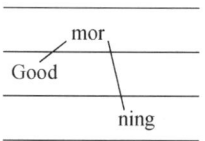

音系学用一种简化了的方式标示语调。我们把音调分为四类：极高、高、中、低，分别用不同高度的横线标示。陈述句、特殊疑问句的语调往往是起于中音调，升至高调，再降至低调：

```
 ___I  saw  a |knife._____
 What  are  you |looking |at?
```

而疑问句的语调是起于中调，升至高调：

```
 ___Can  I |help  you?
```

同样的语音序列可以有不同的语调，表达的意义不尽相同。例如：

(1) You have been there ⌐twice.
(2) You have been there ⌐twice?

(1) 中的语调表示"我知道你去过那儿两次"；(2) 表示"我不相信你去过那儿两次"或"你真的去过那儿两次？"

3.4 本章小结

　　音系学研究语音的模式。不同的语言具有不同的语音模式，例如，汉、英语的音位体系、音节结构和韵律特征都不相同。因此，音系学往往研究具体语言的规律。

　　语音的最小单位是音子，是具体的声音；音位是人脑语音字典中的列项，是抽象的。同一音位在说话中会体现为不同的音子，这些都是该音位的音位变体。/p、t、k/是英语的音位，它们都可体现为送气或不送气的音位变体。

　　同一音位的变体不应出现在同样的语音环境，因此它们呈互补分布关系。同一音位的变体相互间有细微的语音区别，但这种差别不至于引起语义的变化。

　　音位间呈对立分布关系。在一个语音序列中，用一个音位替代另一个音位，会造成语义的变化，因此音位有区别性。区别性特征指的是有助于区分音位或音位群的语音特点。

　　音节是最小声音序列，重音、声调、音高等超音段特征都是通过音节实现的。不同语言的音节结构不同。韵律特征，如重音、语调等，也可以传达语义。

参考文献

Clark, J. & Yallop, C. 2000. *An Introduction to Phonetics and Phonology*. Beijing: Foreign Language Teaching and Research Press & Blackwell Publishers.

Cruttenden, Alan. 2001. *Gimson's Pronunciation of English*. Beijing: Foreign Language Teaching and Research Press.

Fromkin, V. & Rodman, R. 1993. *An Introduction to Language*. Orlando: Harcourt

Brace College Publisher.

Gussenhoven, C. & Jacobs, H. 2001. *Understanding Phonology*. Beijing: Foreign Language Teaching and Research Press & Edward Arnold Publishers.

Poole, S. C. 2000. *An Introduction to Linguistics*. Beijing: Foreign Language Teaching and Research Press & Macmillan Publishers.

Prater, C. H. 1972. *Manual of American English Pronunciation*. (3rd ed.) New York: Holt, Rinehart and Winston.

Roach, Peter. 2008. *English Phonetics and Phonology: A Practical Course*. Beijing: Foreign Language Teaching and Research Press.

Tinkel, A. J. 1988. *Explorations in Language*. Cambridge: Cambridge University Press.

问题和练习

1. 大声朗读下列各对英语单词,观察其异同。它们是最小对立体吗?如果是,那表明哪些音是英语的区别性音位?

    fish [fiʃ] / dish [diʃ]　　　　fine [fain] / dine [dain]
    bead [biːd] / deed [diːd]　　rube [ruːb] / rude [ruːd]
    it [it] / is [iz]　　　　　　　eat [iːt] / ease [iːz]
    beat [biːt] / boot [buːt]　　see [siː] / Sue [suː]
    bat [bæt] / but [bʌt]　　　　lack [læk] / luck [lʌk]
    crick [crik] / creek [criːk]　　dim [dim] / deem [diːm]

2. 在下列空格中填写"+"、"-"号,以辨明/t, d, n, s, z/的语音特征和相互间的异同。

	t	d	n	s	z
齿龈音					
浊音					
连续音					
鼻音					

3. 重音是重要的韵律特征。许多词因音重音位置不同而导致词性不同。下列词都有名词、动词两种词性。请分别标出它们作为名词、动词时的重音位置。

    conduct　　conflict　　contest　　record
    desert　　　incline　　 increase　 progress
    protest　　 rebel　　　 survey　　 suspect

4. 用国际音标为下列单词标音，并找出每个词的重音。在非重读的音节中，最常出现的元音是哪些？

possibly	apparently	appointment	phonology
congregation	nevertheless	articulation	exterminative
introductory	underdeveloped	absolutely	imaginative

5. 句子重音突出了说话人试图强调的部分，通常听说双方在这一点上心领神会。但是如果有一方对重音传达的语义不敏感，交谈中就有可能引起误解。请解释下面这段对话中，为什么顾客会生气？

Customer: Waiter, Waiter, What soup is this?
Waiter: It's bean ˈsoup.
Customer (angrily): I don't care what it was. I want to know what it is now.

第 4 章

词 汇

> 人曰：语既脱口使命休；
> 我对：万古常青续千秋。
>
> ——埃米莉·迪金森 《咏词》

4.1 引言

对初学者而言，**词汇**这个术语是令人迷惑而难以理解的。什么是词汇呢？如果用词汇量这个为大家熟悉的说法取而代之，迷惑便不难消除。从这个意义上来理解，词汇的意义就是一种语言中所有单词的集合。这层意思是词汇这个术语最普通的意义。词汇还可以理解为对语言中词和构词的研究，这是词汇这一术语在语言学研究中的意义。本章是从后一种意义上来介绍词汇。词汇研究的核心是词，因此本章介绍的重点自然是词，更确切地说是词和构词的研究。

词在语言中有着无可替代的作用。英国语言学家威尔金斯曾经说过，"没有语法，人们可以表达的事物寥寥无几；而没有词，人们则无法表达任何事物。"从上所述不难发现，词的重要性有多大。词的重要性是多层次的。首先，词是语言中最基本的成分。对任何一个语言初学者来说，词是语言中最容易接近的成分。其次，一门语言的词的总数是无限的。词总是处在不断变化的过程中，有的词消亡了，有的词意义发生了变动，还有新的词被创造出来。从这层意义上来说，词最好不过地体现了语言的动态变化这一本质。再次，词是音、义和语法三者的结合体。它不仅体现了语言的任意性特征，因为声音与意义的结合无任何理据可依，还体现了语言的二重性特征，因为词正是语言中音的层次与义的层次的交汇点，语言的创造性由此而生。因此，对刚刚步入语言学领域的初学者来说，初步了解一下词的本质特征和词的构造是极其有必要的，这也正是本章的主旨所在。

4.2 什么是词？

什么是**词**？你可能觉得这个问题是否值得回答，因为我们每一个人依靠我们的语言经验和语言直觉可以毫不费劲地辨认出词来。词就像建筑房屋中所用的砖块一样，是造句时现成的材料。对运用语言的人来说，词是语言中最易接近的单位。可是，辨认词是一回事，给词下定义却完全是另一回事。即使是最有经验的语言学家也很难给词下一个明白无误的、适用于世界上任何一种语言的词的定义。我们在下文当中将不会给词下一个普遍适用、涵盖一切的定义，而是对词的最普遍、最典型的特征做一个概括。

4.2.1 词是有意义的

词是由音或字母构成的，可是又完全不同于音或字母，因为词是有意义的而音或字母是无意义的。例如，英语中冠词 a 是有意义的因为当它修饰名词时表示非限定性的意义。然而字母 a 却无意义，它只能作为构成单词的一个成分。

4.2.2 词是语法单位

词是语法单位，这可以从两个方面来理解。首先，词本身具有语法特征。例如，book 这个词是个名词而且是个可数名词，*take* 是个动词而且是个及物动词。其次，词是语言中基本的结构单位。它可以进入句子，在其中占据一个结构位置，从而获得一定的结构意义。例如在 *He is a netizen* 这个句子中，单词 *He* 不仅仅是一个代词，它还是句子的主语。句子是语言中最大的结构单位，词则是语言中基本的结构单位，说它基本是因为词是最小的自由单位，它可以进入像短语、从句、句子这样更高的结构层次。

4.2.3 词可以独立使用

在英语中"un-"是有意义的，可是却不能独立使用。"-ed"是一个语法单位，但是使用时必须附于动词的词尾。在现代汉语中，"习"只能和一些其他的汉字结合起来才能使用，比如"习惯、习以为常、温习、实习"。因此"un-, -ed, 习"都不能算是词。词是可以单独使用的。

4.2.4 词具有相对稳定性和不可拆分性

与词组、从句和句子等语言单位相比而言，就其内部结构来说，词是最稳定的语言单位。换言之，相比于句子当中各个构成成分之间位置的可移动性而言，一个结构复杂的词的各构成成分几乎没有移动的可能性。以 *chairman* 这个词为例，如果该词的两个成分 *chair* 和 *man* 重新组合成 * *manchair*，英语中是没有这样的词的。

不可拆分性指的是当一个词由几个部分构成时，我们并不能在其中插入新的成分。在 *disappointment* 这个词的三个部分 dis + appoint + ment 中不能插入其他的成分。同样地，在这三部分之间也不能人为地加入停顿将它变成 dis appoint ment。相比之下，我们却可以在下

面的句子中插入 *Jane* 作为句子的并列主语。

例 4-1

Paul, (Jane) and Rebecca are my classmates.

在下面这个极为特殊的例子中,我们可以在句子的任何两个成分之间插入副词 even。

例 4-2

(Even) Paul (even) didn't (even) love (even) Jane (even).

4.3 词的分类

从日常的语用经验我们发现词在整体上并没有铁板一块式的特性。不同的词具有不同的特征。接下来,我们将考察词的一些最常用的分类。

4.3.1 词类

划分不同的词的最常见的方法是通过分析语言中词在语法上、意义上和音位上的不同或是依据词在屈折变化和分布上表现出来的共性形式特征来划分词类。这种分类与**传统语法**中**词性**的概念很相近。根据拉丁语法传统,可以区分八或九类词,即名词、代词、形容词、动词、副词、介词、连词、叹词和冠词。

如今,词的分类更为精细,类别也更为多样。以下是语言学分析中新近加入的一些词类。

(1) 小品词

小品词至少包括动词不定式的标志 to,表示否定意义的标志 not,和词组中的从属成分如 get *by*(度日),do *up*(扣上),和 look *back*(回想)中的 by, up 和 back。

(2) 助动词

助动词过去被看成是动词。由于它们具有动词通常没有的独特特征,语言学家如今倾向于将它们划为一个单独的词类。在英语中,助动词包括主助动词 *do*, *have* 和 *be*,以及情态助动词如 *can*, *shall*, *ought to* 等。

(3) 替代形式

在传统语法中,代词是唯一可以在语言中代替其他成分的词类,即代词可以替代名词性词组或单个名词。实际上,下列的词不是被错误地划入了其他的词类便是被完全忽略了。

代形容词	Your pen is red. *So* is mine.
代动词	He knows English better than he *did*.
代副词	He hopes he'll win and I hope *so* too.
处所代词	James's hiding *there*, behind the door.

为了给所有这些在句子中代替其他成分或结构的词一个总体的名称，把它们划为一个独立的词类并称之为**替代形式**是比较可取的。

（4）限定词

不管是在英国英语还是在美国英语中，**限定词**是一个较为大家公认的新的词类。它们是出现在名词短语中充当中心词的名词前面的词，起着限定该名词短语的指代的作用。限定词可分为三类：

前限定词：all, both, half, double, twice, three times, one-third, one-fifth, 等。

中限定词：a, the, this, that, these, those, every, each, some, no, my, either, neither, 等。

后限定词：one, two, three, …; first, second, third, fourth, …; next, last, past, other, another, (a) few, several, much, little, a lot of, plenty of, 等。

当上述三类限定词同时出现时，它们的先后顺序是：前限定词＋中限定词＋后限定词。因此，*all the five books* 是合乎语法的，而 *the all five books* 是不合乎语法的。同一类限定词不允许连续出现。因此 * *the this boy* 和 * *all both girls* 这样的词组是不正确的。

4.3.2 语法词和词汇词

词根据它表达的意义的性质不同可以分为**语法词**和**词汇词**。像连词、介词、冠词和代词等表达语法意义的词属于语法词。具有词汇意义的词，也就是说，表达事物、动作和性质的词，如名词、动词、形容词和副词，属于词汇词。由于词汇词是语言中表达意义的主要成分，而语法词只起着衔接意义的作用，故而词汇词和语法词也可分别称为**内容词**和**功能词**。在古代汉语中，内容词和功能词的区分即是**实词**和**虚词**的区分。

4.3.3 封闭类词和开放类词

封闭类词和开放类词的区分可以从语法词和词汇词的区分中延伸得来。**开放类词**指的是词的数目可以无限增加的词类。因此，名词、动词、形容词和大多数副词都是开放类词。**封闭类词**指的是词的数目通常不能无限增加的词类。代词、介词、连词、冠词等都是封闭类词。

4.3.4 可变化词和不可变化词

词还可以根据它们的可变化性加以分类。**可变化词**具有一系列变化规则有序的语法形态表现各异的词形。也就是说，在变化各异的词形中总有一部分是保持不变的。因此，每一个可变化词的系列变化词形构成一个聚合体。

例 4-3

    follow   mat

    follows   mats

    following

    followed

不可变化词指的是像连词、介词、叹词等这样的词，它们没有屈折变化词尾。

读者须要记得可变化性这一分类标准并不适用于人类所有的语言。这一分类标准就不适用于汉语。另外，在那些适用该分类标准的语言中，可变化性的程度也并非一成不变。在印欧语系里，拉丁语和梵语的词形变化更为丰富，德语次之，相比之下，英语的词形变化是最少的。

4.4 语素和语素类别

在前两节里，我们介绍了词的一些最重要的特征以及词的分类，现在我们就要来考察一下语言中词的构成方式。从最广泛的意义上来说，词语形成指对词语构成方式的研究。英语是一门国际性的语言，它的词汇量也大得惊人。《牛津英语字典》（1989 年版）收录了 50 多万个单词。因此，对学习英语的外语学生而言，最具挑战性的任务之一就是找出一条通向掌握看似纷繁复杂而又浩瀚如海的英语词汇的捷径，发现其中的规律。以下的论述主要探讨英语词汇构成的方式，探讨的第一步最好从探寻语言中最小的意义单位开始。

4.4.1 语素

正如我们此前所说的，词是有意义的。不过，词却并不是最小的意义单位。例如，在 *unjust* 和 *books* 这两个词中，*un*-和-*s* 都是有意义的。然而，它们却又都是不自由的，即它们不能独立使用。语言学上最小的意义单位叫**语素**。语素是内容和形式相结合最小的语言单位，如果对它做进一步的切分就会破坏或大大改变其意义，不管是其词汇意义也好还是语法意义也罢。因此，*un*-和-*s* 都是语素，因为二者都有意义，而且都无法做进一步的切分而不改变其意义。*just* 和 *book* 的情况也是如此。

那么，词和语素之间又是什么关系呢？这么说吧，一个词可能由一个语素或多个语素构成，而一个语素不一定构成一个词。请看下面的例子：

例 4-4

1-Morpheme	un-, -ish, -s, -ed
1-Morpheme word	boy, desire
2-Morpheme word	boy + ish, desir（e）+ able
3-Morpheme word	boy + ish + ness, desir（e）+ abl（e）+ ity
4-Morpheme word	gentle + man + li + ness, un + desir（e）+ abl（e）+ ity
5-Morpheme word	un + gentle + man + li + ness
over 5-Morpheme word	anti + dis + establish + ment + ari + an + ism

4.4.2 语素类别

语素依据不同的分类标准可以分为不同的类别。

（1）自由语素与黏着语素

语素根据其是否可以独立使用可分为两类。可以独立使用，也就是说，可以单独构成词的语素叫**自由语素**。例如，*dog*, *nation* 和 *close* 都是自由语素。可以这样说，所有的单语素词都是自由语素。所有由自由语素构成的多语素词又叫**复合词**，像 *netbook*, *moonwalk*, *babysit*, *makeover* 和 *sunflower* 等。

相反地，*dogs* 中的-*s*，*national* 中的-*al* 和 *disclose* 中的 *dis*-都不能单独使用。它们必须和其他语素结合才能使用，因此叫做**黏着语素**。如此说来，*distempered* 这个词包括三个语素，*dis*-, *temper* 和-*ed*, 其中 *temper* 是自由语素，*dis*-和-*ed* 是黏着语素。汉语里"老板、老虎、老师、老婆、老百姓"中的"老",以及"包子、杯子、面子、痴子"中的"子"都是黏着语素。

(2) 词根、词缀和词干

复合词以外的多语素词可以切分为词根和词缀两个部分。

词根是词的基本成分,不能作进一步的切分。它是词在切去所有的词缀后剩余的部分。*internationalism* 这个词,在除去 *inter-*、*-al* 和 *-ism* 后剩下的就是 *nation* 这个词根。

所有的词都有词根语素。

词缀是只能附着于其他语素(词根或词干)的构词成分的统称。词缀依据其附着于词根或词干的相对位置通常分为三类,即**前缀**、**后缀**和**中缀**。例如:

例 4-5

    前缀   *para-*, *mini-*, *un-*

    后缀   *-ise*, *-tion*

    中缀   *foot/feet*, *goose/geese*

这一语素分类和上述分类有所重叠。词根可以是**自由**或**黏着**语素,而词缀一定是黏着语素。自由词根语素是指那些可以独立使用的语素,如 *black*、*blackbird*、*blackboard*、*blacksmith* 中的 *black-*,这类语素是词的基本形式,它们的数量基本上是无限的。

然而,英语中还有少量的黏着词根语素,如 *receive*、*perceive* 和 *conceive* 中的 *-ceive*; *remit*、*permit*、*commit* 和 *submit* 中的 *-mit*; *retain*、*contain* 和 *maintain* 中的 *-tain*; *incur*、*recur* 和 *occur* 中的 *-cur* 等。

英语中还有一些词根既有自由变体又有黏着变体。例如,*sleep* (/sliːp/) 和 *child* (/tʃaɪld/) 是自由词根语素,而 *sleep* 的过去时形式 *slept* 中的 *slep-*以及 *child* 的复数形式 *children* 中的 *child-* (/tʃɪld/) 都不能独立使用,因而是黏着语素。

词干可由单个语素或由多个语素组合构成,在其尾部附有屈折词缀。*friends* 中的 *friend-*,和 *friendships* 中的 *friendship-*都是词干。前一个例子说明词干可以由词根充当,而后一个例子说明词干也可以由词根与派生词缀的组合来充当。

(3) 屈折语素和派生语素

只有词缀才有**屈折**语素和**派生**语素之分。这一区分有时候也被理解为屈折词缀与派生词缀之分。英语里屈折词缀基本上都是后缀。例如:

例 4-6

屈折词缀	派生词缀
walk**s**	sleep**y**
walk**ed**	fatt**ism**
walk**ing**	**un**friend
star**s**	amaze**ment**
watch**es**	**dis**unity

4.5 词语的形成

4.5.1 屈折

屈折是用来体现语法关系的，即在词干上附加屈折词缀以表现数、人称、限定性、体、格等语法关系，同时并不改变该词干的词类。例如：

例 4-7

(a) 数：table / tables
　　　apple / apples
(b) 人称、限定性、体：talk / talks / talking / talked
　　　　　　　　　　open / opens / opening / opened
(c) 格：boy / boy's
　　　John / John's

对是否把 *boy*，*boys* 和 *boy's* 看作不同的词，不同的人有不同的看法。有的人认为 *boys* 和 *boy's* 是 *boy* 这个词的两个词形变化形式，而其他的人则把它们当成不同的词来对待。比如，电脑在对文章进行字数统计时就总是把 *boy*，*boys* 和 *boy's* 当成不同的词来计算。

4.5.2 派生

派生是指一种构词形式，即通过在现有的词上添加词缀来构成新词。也就是说，在现有的词上添加前缀或后缀来构成新词，这样构成的新词就叫做派生词。请参看下例：

例 4-8

　　　un + tie → untie
　　　nation + al → national
　　　national + ize → nationalize

nationalize + ation → nationalization

与屈折不同，派生有可能会改变原有的词的词类。如下所示：

例 4-9

(a) 词类有变化

N → V	length + en → lengthen	
	un + horse → unhorse	
N → Adj	impact + ful → impactful	
	delight + ful → delightful	
N → Adj／Adv	clock + wise → clockwise	
	earth + ward → earthward	
V → N	keyboard + er → keyboarder	
	inhabit + ant → inhabitant	

"They call it a relation 'ship' because it so ofen sinks."

(b) 词类无变化

N → N	non + smoker → nonsmoker
	book + let → booklet
V → V	re + flag → reflag
	de + select → deselect
Adj → Adj	tall + ish → tallish
	il + logical → illogical

派生词不是可以随意构成的，词的派生都有所依据。例如，英语里 *unfair* 这个形容词和 *undo* 这个动词都由两部分构成，*un-* + *fair* 和 *un-* + *do*，从中人们可以得出一条规则，即，通过在形容词或动词

上添加一个表示否定意义的语素 un- 来构成新的形容词或动词。然而，这条规则却不能生搬硬套到名词的派生上来。人们不能通过在名词上添加一个表示否定意义的语素 un- 来构成新的名词。明白了这一点，就好理解为什么艾丽斯在听到矮胖子汉普蒂·邓普蒂说"非生日礼物"时会无法理解他的话。

例 4-10

"他们给我这个，"矮胖子汉普蒂·邓普蒂接着说道，"作为非生日礼物。"

"你说什么？"艾丽斯不解地问道。

"我不介意你的心不在焉，"汉普蒂·邓普蒂说。

"我是问什么叫非生日礼物？"

"当然就是在你不过生日时送的礼物。"

——刘易斯·卡罗尔《艾丽斯镜中奇遇记》

有趣的是语言词汇中存在空白，即有些词在理论上是存在的，可实际上并不存在。其中的原因就在于人们有时候根据派生规则造出理论上容许存在但实际上词汇中却没有的词来。请看下面的例子：

例 4-11

（当假甲鱼先生向艾丽斯罗列算术的各个分支"野心，精神错乱，丑化，笑柄"时）

"我从未听说过'丑化'这个说法"，艾丽斯小心翼翼地说，"它是什么意思？"

这只怪兽诧异地抬起前爪。"竟没有听说过'丑化'这个讲法!"它大声嚷道。"我猜你大概知道'美化'是什么意思吧?"

"知道",艾丽斯满腹狐疑地答道,"就是——就是把什么东西弄得更美丽。"

"既然如此",怪兽说道,"你要是还不知道'丑化'是什么意思,可真是蠢笨如牛了。"

——刘易斯·卡罗尔《艾丽斯镜中奇遇记》

艾丽斯并非蠢笨如牛,只不过在刘易斯创造出 *uglification* 这个词之前,英语中并没有这个词。假甲鱼先生在形容词 *ugly* 上加上后缀 *-ify* 造出一个动词。英语中许多动词都是这样创造出来的,如 *purify*,*amplify*,*simplify*,*falsify* 等。更有趣的是假甲鱼先生做得更为过火,它又在动词 *uglify* 上加上后缀 *-cation*,造出像 *purification*,*simplification*,*falsification* 这样的名词 *uglification* 来。这个派生过程本身并没有问题,只是造出来的词当时并不常用。这就是为什么艾丽斯在认同它为常用英语词汇时表现勉强的原因所在。

细心的读者会发现屈折和派生并不适用于汉语词汇。汉语里也自由语素和黏着语素之分,只是汉语中的黏着语素不仅数目有限且与英语中的黏着语素有着本质上的区别。汉语中没有屈折或派生语素,因此汉语没有屈折和派生可言。最根本的原因在于汉语和英语在本质上属于不同的语言类型,汉语是**分析型**语言,英语是**综合型**语言。

4.5.3 转化

在英语演进的历史过程中,词缀的数目趋于固定。派生作为构造新词的方式也不再潜力无限。其结果便是英语中引入一种新的构词方式,即**转化**。转化实际上是一种派生过程,在不添加词缀的情况下将词从其原属词类转为另一词类。因此,转化也叫做零派生。例如,动词 *release*(比如在句子 *They released him* 中)对应于名词 *release*(比如在句子 *They ordered his release* 中),两者之间的关系与动词 *acquit*(比如在句子 *They acquitted him* 中)和名词 *acquittal*(比如在句子 *They ordered his acquittal* 中)之间的关系是一致的。应该注意到,转化并不能真正创造出新的词来,实际上是词被赋予了新的意义。例如,动词 *doctor* 和名词 *doctor* 通常总是被看成是意义稍有差别的同一个词。在英语里,转化作为一种构词方式因其极具潜力是十分重要的。转化可以分为不同的类型。

(a) 动→名 转化

动	名
state	state
attempt	attempt
scavenge	scavenge
divide	divide

(b) 名→动 转化

名	动
doorstep	doorstep
bad-mouth	bad-mouth
leverage	leverage
network	network

动→名转化和名→动转化是最具创造力的类型。

(c) 形→名 转化

形	名
natural	natural
drive-by	drive-by
wrinkly	wrinklie（wrinkly）
funny	funny

(d) 形→动 转化

形	动
calm	calm
dirty	dirty
dry	dry
narrow	narrow

(e) 名→形 转化

名	形
microwave	microwave
member	member（as in *member state*）
designer	designer（meaning *expensive* or *fashionable*）

(f) 封闭类词转化为开放类词

His argument contains too many *ifs* and *buts*.

This book is a *must* for the student of linguistics.

It tells you about the *how* and the *why* of flight.

That guy really *whatevers* me.

上述所列的转化类型并不完整，这里所介绍的也只是转化的一小部分。转化甚至在词的词类不发生改变的情况下也能进行，正如下面的两个例子展示的那样：two cups of *coffee* → two *coffees*，run (vi.) → *run* (vt.)。因而要深入理解转化光这一点论述是远远不够的。

4.5.4 复合

复合这一构词方式是将至少两个自由语素连接起来构成新词。这样创造出来的新词称为**复合词**。复合过程中自由语素之间的关系可分为不同的类型。参看下例：

例 4-12

(a) 名词复合词　　ear + witness → earwitness　　(N + V)
　　　　　　　　　cry + baby → crybaby　　　　　(V + N)
　　　　　　　　　low + life → lowlife　　　　　　(Adj + N)
　　　　　　　　　worry + wort → worrywort　　　(V + N)
　　　　　　　　　wind + mill → windmill　　　　(N + N)

(b) 动词复合词　　brain + wash → brainwash　　(N + V)
　　　　　　　　　lip + read → lipread　　　　　(N + V)
　　　　　　　　　baby + sit → babysit　　　　　(N + V)

(c) 形容词复合词　man + eating → maneating　　(N + V-ing)
　　　　　　　　　heart + felt → heartfelt　　　　(N + V-ed)
　　　　　　　　　duty + free → dutyfree　　　　(N + Adj)

(d) 介词复合词　　in + to → into
　　　　　　　　　through + out → throughout

复合词的书写形式各有不同。有的可以写为一个词，如 *wannabe*, *birdseed*, *jobsworth*, *firewall*, *meltdown*, *countersign*；有的可用连字符连接，如 *carbon-neutral*, *bad-mouth*, *wave-length*, *vantage-point*, *green-collar*, *spring-clean*, *simple-minded*, *block-head*；而有的两部分之间可以有空格，如 *fun run*, *mall rat*, *hip hop*, *red state*, *five-finger discount*, *snail mail*, *peace camp*, *Mexican wave* 和 *flash mob*。相比之下，写成一个词或用连字符连接的复合词容易辨认。但是，当复合词的各个部分分开来写时，要辨认它是复合词还是词组是件棘手的事。在这种情况下，意义是主要的区分标准。复合词的意义不是其各个部分的意义的简单相加，而词组的意义却正是如此。比如，

mother wit 不是表示妈妈的智力，而是表示天生的智力的意义；*Indian paper* 不是表示某种印度产的纸，而是指一种用于制作字典的特种纸。

4.5.5 其他的造词方式

语言在本质上是动态的。它随着社会的发展而变化。词汇的变化最易为人们所察觉。人们注意到，一方面，一些不再为人所用的词从语言里消亡了，另一方面，新的词语表达连续不断地加入进来。除了上述几种构造新词的方式外，英语中还有其他一些构词方式。接下来考察的便是其中最常用的一些。

（1）创造

经济活动是人类生活中最重要、最具活力的方面，许多新的词汇便是直接从消费品及其制造商和品牌名称上借用过来，如 *Microsoft*，*Google*，*Xerox*，*Frigidaire*，*granola*，*vodafone* 等等，以此达到**创造**新词的目的。

（2）混成

混成是一种相对复杂的复合构词方式，通过把其中的一个词的开头部分与另一个词的结尾部分混合而成或者把两个词的开头部分混合而成。这样创造出来的词叫做**混成词**，套管词或紧缩词。具体情形请分别参看下列五类例子：

例 4-13

privilege + intelligentsia	priviligentsia
affluence + influenza	affluenza
producer + consumer	prosumer
renovation + eviction	renoviction
information + technology	infotech
spiced + ham	spam
modulator + demodulato	modem
digital + computer	digicom
rock + documentary	rockumentary
oil + inflation	oilflation
word + wardrobe	wordrobe
web + broadcast	webcast

parachute + sailing	parasailing
cassette + single	cassingle
electronic + mail	email
fun + unemployed	funemployed
internet + citizen	netizen

（3）缩略

从词源学历史上来看，英语中许多词都经历过**缩略**。缩略也叫**截短**，即通过下列方式来构成新词：

i. 前截短

neo-conservative	neo-con
motivation	moto
radical	rad
nouveau	noov
bootstrap	boot
desirable residence	des res

ii. 后截短

weblog	blog
elevator	vator
magazine	zine
raccoon	coon

iii. 前后截短

influenza	flu
refrigerator	fridge
detective	tec
assistant	asst
department	dept

不难发现，操英语的人常用名字的缩略形式称呼彼此，如称呼 *Robert* 为 *Bob*，*Edward* 为 *Ed*，*Elizabeth* 为 *Liz*，*Michael* 为 *Mike* 等等。

（4）首字母缩略

首字母缩略词是指把由多个单词组成的、颇为复杂的组织名称的各个词的开头字母拼接而成的词。

例 4-14

SCO　　　　Shanghai Cooperation Organization

ASEAN	Association of Southeast Asian Nations
CIA	Central Intelligence Agency
EU	European Union

在缩短科学技术或其他一些特殊领域的极为冗长的词或词组时经常要用到首字母缩略法。

例 4-15

SOHO	Small Office, Home Office
LAN	Local Area Network
DINK	Double (or Dual) Income No Kids
nab	non-alcohol beer
SARS	severe acute respiratory syndrome
NIMBY	Not In My Back Yard
WYSIWYG	What You See Is What You Get.
IMHO	In My Humble Opinion
TWOC	Taking Without Owner's Consent

(5) 逆构

逆构指的是一种特殊的构词方式，通过把误以为是词缀的那一部分从一个较长的单词上清除从而得到一个较短的词。以 *televise* 为例。*television* 这个词先于 *televise* 这个词出现，可它的前一部分"televise"被当成一个词根切分出来，尽管英语里原本并没有这样一个词根。下面有更多这样的例子：

例 4-16

swindler	swindle
escalation	escalate
donation	donate
difficulty	difficult
greedy	greed
Gothic	goth
pointy-headed	pointy-head
fly-tipping	fly-tip

(6) 拟声

拟声指的是通过模仿外部世界的声音来创造新词。通过这种方式创造出来的词叫做拟声词，模仿词或回声词。尽管这类词数目有限，但它们描写事物栩栩如生，又极具音乐效果，所以魅力非凡。

下面的例子出自英国诗人骚塞（1774—1843）的诗歌"How Does the Water Come Down at Lodore"。在这首诗里，诗人连用二十多个不同的拟声词，把读者带到奔腾欢快而下的河边。

例 4-17

Here it comes sparkling,
And there it lies darkling…
Eddying and whinking,
Spouting and frisking, …
And rattling and battling, …
And guggling and struggling, …
And bubbling and troubling and doubling,
And rushing and flushing and brushing and gushing,
And flapping and rapping and clapping and slapping.
And thumping and pumping and bumping and jumping,
And dashing and flashing and splashing and clashing…
And at once and all o'er with mighty uproar,
And this way the water comes down at Lodore.

（7）借用

英语在其发展过程中通过从其他语言**借用**的方式扩大了本身的词汇量。希腊语、拉丁语、法语、阿拉伯语以及其他语言在借与过程中都扮演过积极的角色。英语在其历史进程中从各个来源借用了大量的词汇。

例 4-18

希腊语：flokati, obstetrics, neuston, endemic, epilepsy, atom, electricity…

拉丁语：cancer, tumor, cursor, alias, imprimis, liminal, pp.（pages）, etc.（et cetera）…

法　语：mortgage, Exocet, extraordinaire, debut, cache, mousse, bustier, entail, concierge…

西班牙语：macho, potato, junta, loc, renegade, rumba, grandee…

意大利语：balcony, algebra, stanza, mondo, violin, bimbo, soprano, radicchio, pizza…

德　语：blitzkrieg, Fahrenheit, Waldsterben, hamburger,

　　　　　　　thick-milk, waltz…
　　　汉语: silk, litchi, bohea, China, tai chi, qinghaosu, wok, kung-fu…
　　　日语: Jodo, tycoon, futon, Nikkei, ninja, tsunami, Sudoku…
　　　俄语: steppe, duma, Politburo, glasnost, perestroika…
　　　韩语: tae kwon do, Korea, chaebol…

借用可以是直接的，也可以是间接的。比如，*feast* 这个词就是直接借自中世纪法语中的 *festa*，而 *algebra* 这个词则是通过西班牙语间接借自阿拉伯语。英语中许多来源于希腊语的词都是通过拉丁语或法语转借而来。

4.6　本章小结

本章讨论了词的定义、词的分类、语素和语素类别以及词语构成的种种方式，你平时对词的理解是否因此有了加深或更加系统化了一些？

参考文献

Adams, V. 1973. *An Introduction to Modern English Word-Formation*. London: Longman.
Bauer, L. 1983. *English Word-Formation*. Cambridge: Cambridge University Press.
Bolinger, D. 1975. *Aspects of Language*. New York: Harcourt Brace Jovanovich.
Bussmann, H. 1996. *Routledge Dictionary of Language Linguistics*. London: Routledge, 1996; Beijing: Foreign Language Teaching and Research Press, 2000.
Fromkin, Victoria. 1983. *An Introduction to Language*. New York: CBS College Publishing.
Katamba, F. 1993. *Morphology*. Hampshire: Macmillan.
Katamba, F. 1994. *English Words*. London & New York: Routledge.
Matthews, P. H. 1991. *Morphology: An Introduction to the Theory of Word Structure* (2nd ed.). Cambridge: Cambridge University Press, 1991; Beijing: Foreign Language Teaching and Research Press, 2000.
Quirk, R., et al. 1972. *A Grammar of Contemporary English*. London: Longman Group Ltd.
Radford, A., M. Atkinson, D. Britain, H. Clahsen & A. Spencer. (1999) *Linguistics: An Introduction*. Cambridge: Cambridge University Press, 1999; Beijing: Foreign

Language Teaching and Research Press, 2000.

Robins, R. H. 1989. *General Linguistics* (4th ed.). London: Longman Group UK Ltd., 1989; Beijing: Foreign Language Teaching and Research Press, 2000.

Yates, S. 2001. English in Cyberspace. In S. Godman & D. Graddol (eds.) *Redisigning English: New Text, New Identities*. London: Routledge.

胡壮麟. 2001. 语言学教程（修订本）. 北京：北京大学出版社.

陆国强. 1983. 现代英语词汇学. 上海：上海外语教育出版社.

汪榕培. 2000. 英语词汇学研究. 上海：上海外语教育出版社.

汪榕培，卢晓娟. 1997. 英语词汇学教程. 上海：上海外语教育出版社.

叶宝奎. 1992. 语言学概论. 厦门：厦门大学出版社.

问题和练习

1. 请给下列术语下定义：

    word   word class   morpheme
    root   stem   affix
    Inflection   derivation   compounding

2. 请将下列单词切分为词素，说明哪些自由词素、黏着词素、词干、词根、词缀？

    discourage   committed   internationalism   girlfriends

3. 请给下列单词添加表示反义的前缀：

    a. ____ mature   b. ____ regular   c. ____ considerate   d. ____ noble
    e. ____ contentious   f. ____ legitimate   g. ____ metal   h. ____ passive
    i. ____ ferrous   j. ____ accuracy   k. ____ endurable   l. ____ variance
    m. ____ inductive   n. ____ legible   o. ____ reasonable   p. ____ rational
    q. ____ scrupulous   r. ____ staple   s. ____ balance   t. ____ legalize

4. 将下列复合词翻译成汉语：

    a. lemon law   b. logic bomb   c. bag people   d. peace dividend
    e. nanny state   f. open-collar worker   g. rainbow coalition   h. paintball
    i. photonovel   j. battlebus   k. chattering classes   l. Rust Belt
    m. zombie bank   n. mortgage slave   o. cheap copy

5. 下列各句中均有动词→名词的转化现象，请指出是哪个词：

    a. I know my friends from the feel of their faces.
    b. But I cannot really picture their personality by touch.
    c. "Nobody's saying anything," said James, between serves.
    d. I will try to explain to you what has given rise to these slanders and given me a bad name.

e. Rex could hold a baseball with ease in his mouth in one cheek, as if it were a chew of tobacco.

6. 分析下列混成词的构词方式，并将它们译为汉语：
   a. magalog   b. monergy   c. corpocracy   d. faction
   e. glocal   f. darknet   g. bankster   h. kidvid
   i. ginormous   j. webinar

7. 分析下列首字母缩略词的构词方式，并将它们译为汉语：
   a/o c/o OTT GMT GNP MIDI OTE FIAT RPG ASEAN WAN NAM Y2K MAP HB

8. 分析下列拉丁缩略词的构词方式，并将它们译为汉语：
   cf. etc. et al. vs. e.g. id. a.m. p.m. l.c. sec.

9. 用下列拟声词完成句子：
   lashed trashed mashed hashed crash gnash dashed bashed clash
   a. Faces are _____.
   b. Hopes are _____.
   c. Teeth _____.
   d. Cars _____.
   e. Beef is _____.
   f. Potatoes are _____.
   g. Rooms are _____.
   h. Prisoners are _____.
   i. Enemies _____.

10. 分析下列人工语言的短语和句子：
    kon rolim (a boy)   na tacket (a dog)
    na yox (a broom)   kon rolie (a man)
    ka clarie (a woman)
    Kon rolima gufiles na yogid. (A boy rides a bike.)
    Ka oza gufiles na yoxid. (A witch rides a broom.)
    Kon rolima trafes na tacketid. (A boy washes a dog.)
    Kon roliea trafes na wobetid. (A man washes a car.)

    (1) 选择最佳选项填入空格：
        a. na _____
           A. wobet   B. gufiles   C. rolim   D. clarie
        b. Ka _____ trafes na platid.
           A. rolima   B. yoga   C. roliea   D. clariea
        c. Kon roliea _____ na wobetid.
           A. gufiles   B. yoxid   C. clarie   D. rolim

d. Ka _____.
    A. clara   B. clarid   C. clarim   D. clares

e. Kon rolima talipes na _____.
    A. regnan   B. ardid   C. omatin   D. erma

f. Kon roliea _____ na tacketid.
    A. protie   B. cadim   C. sones   D. gustid

（2）将下列句子译为人工语言：
    a：A dog rides a witch.
    b：A woman washes a girl.

第 5 章

语法：小句

> **JABBERWOCKY**
>
> ......
> 'Twas brillig, and the slithy toves
> Did gyre and gimble in the wabe;
> All mimsy were the borogoves,
> And the mome raths outgrabe.
>
> "这首诗听起来很美"，艾丽斯读完 Jabberwocky 后说，"但是它实在是**有点**不好懂！"（您瞧，她不愿意承认她根本没有看懂，她自己也不相信这一点。）"反正它使我的脑袋里充满了各种意思——只不过我不能准确地知道它们到底是什么！不过，**某人**杀死了**某样东西**，这可错不了，不管怎么说——"
>
> ——刘易斯·卡罗尔
> 《艾丽斯镜中奇遇记》

5.1 引言

刘易斯·卡罗尔在 Jabberwocky 这首有趣的诗中使用了许多他自己造的词，这些词在英语词典中是查不到的。但是只要我们仔仔细细地读一下这首诗，研究一下这些词的语法后缀和它们在句子中的位置，就会发现其实这些词属于什么词类并不难分辨。举例来说，我们可以看出 borogoves 是名词，因为它以 -s 结尾，而且出现在 the 后面，我们还可以看出 slithy 是形容词，因为它出现在定冠词 the 和复数名词 toves 之间。诸如 -ing 和 -s 一类的语法后缀在形态学中是作为屈折语素来研究的，而一个特定的词在句子中可能出现的一些位置却是语言学的一个重要分支句法学 "syntax" 的内容。句法学主要讨论一些规则，这些规则规定了连词成句的模式。各个词的屈折语素和它们在句子中的位置表明了它们之间的语法关系。我们在学习语言的语法部分的时候，实际上就是在学习句法学的内容以及形态学中有关屈折语素的内容。

5.2 词类和词序

诸如"名词"、"动词"、"副词"这样的语法术语我们已经很熟悉了，传统上它们被称为词性。但现在我们一般都把他们称为**词类**，这是根据它们在句子中间可能出现的位置进行分类的结果。这种分类是形式上的而不是意义上的。

我们已经说过，句法学的内容包括连词成句的一些模式，也包括用来系统地解释和分析这些模式的方式方法。这里，所谓"连词成句的模式"的意思是：把词组合在一起连成词组、小句、句子的过程必须按照一定的规则来进行。请看例 5-1 黑板上的句子：

例 5-1

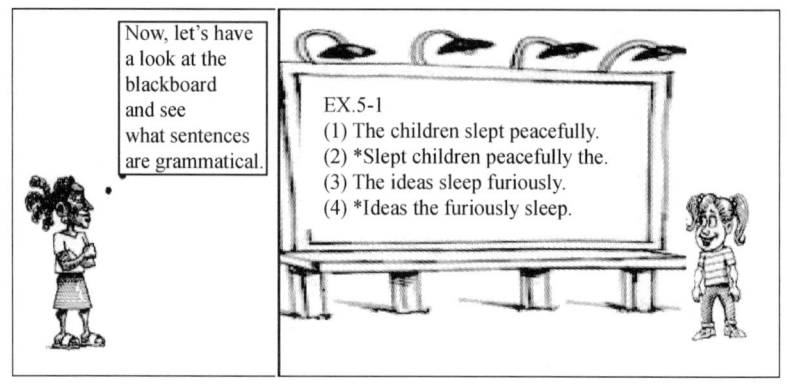

在例 5-1 中（1）和（3）两句都是正常的英语句子，句中各词的排列都合乎语法。句子合乎语法的意思是句中出现的每一个词都是按照英语的句法规则来排列的。它们有一定的排列模式，这里，（1）和（3）两句的排列模式是："限定词＋名词＋动词＋副词"。句（3）虽然从语义的角度来说是荒谬的，但这并不影响它在语法上的正确性。而且，如果该句是出现在诗歌中，那我们完全可以用我们的想象力赋予它某种寓意。不过，我们要在（2）和（4）两句前加上星号来表示它们不符合语法规则，因为它们显然违反了句法规则的**词序**规定——不同词类的词在句子中没有出现在它们应该出现的位置上。

一个词类中的词都具有相同的语法特点和限制，在句子中可能出现的位置也相同，因此在一个特定的语法上下文中它们可以相互置换。举例来说，按照上面提到的模式"限定词＋名词＋动词＋副词"可以把属于这些词类的词组成句子：

例 5-2

    The crops grew fast.

该句中的每一个词都能用同类的词来置换：

例 5-3

    （1）A thunder struck suddenly.

    （2）This lady walked slowly.

    （3）Those dogs bark ferociously.

置换后得到的句子都合乎语法，因为 the、a、this 和 those 同属限定词；crop、thunder、lady 和 dog 都是**名词**；grow、strike、walk 和 bark 是**动词**；而 fast、suddenly、slowly 和 ferociously 则同属**副词**。

我们已经知道词在句子中是按照一定的词序排列的，但一个句子的结构要远比由一个个单独的词排列而成的线性结构复杂得多，因为句子中词是组合在一起的。比如，在下面这个"单小句"句子中：

例 5-4

　　The new product has passed tests with flying colors.

有一些词，如 has 和 passed 以及 the、new 和 product，它们之间的关系显然要比与其他词更加紧密。同样 has passed 与 tests 和 with flying colors 的关系也要比与 the new product 更紧密。所以，我们在例句中首先划分通常被称为**主语**和**谓语**的两个主要的成分——the new product 和 has passed with flying colors。在谓语中我们再进一步划分三个不同的词的组合。通常这些词的组合与某些**句法范畴**，如**短语**或**小句**相对应。传统句法学的做法是把由一个属于某个词类的词扩展而来的语言片段称为这个词类的**短语**。如 the new product 是由名词 product 扩展而来，所以和范畴**名词短语**相对应。同样，词的组合 has passed 由 pass 扩展而来，它就和范畴**动词短语**对应。要注意的是，虽然词的组合 with flying colors 和**介词短语**相对应，但它并非由**中心词** with 扩展而来。名词 tests 可以看作是一个仅含一个词的"单个词"名词短语。以上分步进行的分析可用下图表示：

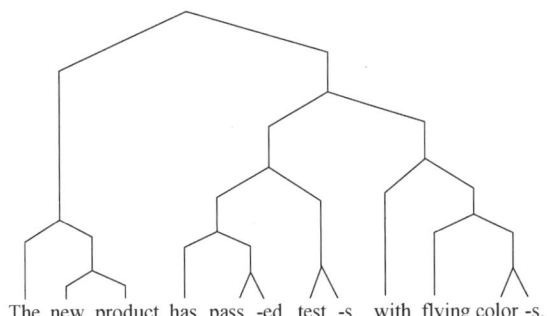

图 5-1

例 5-4 是一个仅含一个小句的句子。小句的主语是名词短语 the new product，构成谓语的三个短语分别为：动词短语 has passed，"单个词"名词短语 tests 以及介词短语 with flying colors。名词短语

the new product 包含三个单词 the、new 和 product；动词短语 has passed 包含两个单词 has 和 passed；而 passed 包含两个语素 pass 和 -ed。

由此可见，一个句子所有的词都分别聚集成几个词的组合。它们形成了句子的语法单位，其中大的单位由较小的单位组成，而较小的单位又由更小的单位组成，从大到小环环相套，每一个单位都与某一句法范畴相对应。这些语法单位可以从大到小依次分为五个等级层次：

1. 句子（各包含一个或一个以上的小句）
2. 小句（各包含一个或一个以上的短语）
3. 短语（各包含一个或一个以上的词）
4. 词（各包含一个或一个以上的语素）
5. 语素

值得注意的是，我们这里称为"短语"的单位有时也被称为"词组"，两者都是指介于小句和单词之间的语法单位。不过在系统功能语法里，这两个术语的用法有明确的差异，只有介词短语仍然称为"短语"，其他的短语都称为"词组"。（参见 Geoff Thompson，1996：15）

连续用一分为二的切割方式来把句子分成一些更小的一组词的做法被称为"**直接成分分析**"。它使我们在了解句子中词与词、一组词与另一组词之间的次序关系的同时更直观地看到它们之间的**层级关系**。在直接成分分析中，每一次切割都会产生更小的两组词，它们就是原来那组词的"直接成分"。这种一分为二的切割一直可以持续到语素的层次，不过通常我们在到达"词"这一层次时就停止切割了。以对 Jabberwocky 中的两句诗所进行的直接成分分析为例：

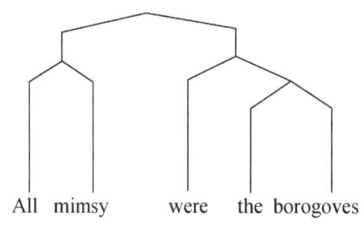

图 5-2

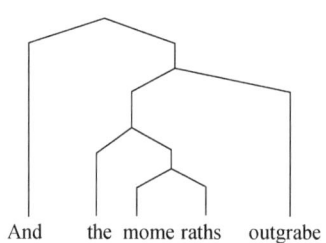

图 5-3

图 5-2、5-3 和图 5-1 一样，这里用来表示直接成分分析的各个步骤的方法称为"**树形图**"，它酷似一棵倒长的树。树干的分支表示层级关系，而分支**节点**则表示某一句法范畴的领域。我们可用各种"**句法范畴符号**"，如 S（句子）、Pred.（谓语）、NP（名词短语）、VP（动词短语）、PP（介词短语）、Det.（限定词）和 Aux.（助动词）等等，来标示每一个节点，这种树形图就是"**有标示的树形图**"：

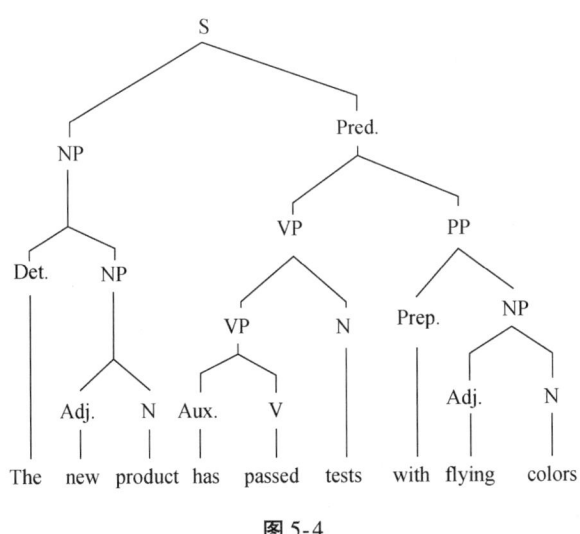

图 5-4

此外还有不少其他方法也可以用来表示直接成分分析的步骤和由切割产生的成分结构。例如，我们可以用不同数量的竖线来表示每一次切割：

第一步：The new product ｜ has passed tests with flying colors.
第二步：The ‖ new product ｜ has passed tests ‖ with flying colors.
第三步：The ‖ new ‖‖ product ｜ has passed ‖‖ tests ‖ with ‖‖ flying colors.
第四步：The ‖ new ‖‖ product ｜ has ‖‖‖‖ passed ‖‖ tests ‖ with ‖‖‖ flying ‖‖‖‖ colors.

或者用**方括号**：

第一步：[The new product has passed tests with flying colors.]
第二步：[[The new product] [has passed tests with flying colors.]]
第三步：[[[The] [new product]] [[has passed tests] [with flying

colors.]]]
第四步:[[[The] [[new] [product]]] [[[has passed] [tests]] [[with] [flying colors.]]]]
第五步:[[[The] [[new] [product]]] [[[[has] [passed]] [tests]] [[with] [[flying] [colors.]]]]]

5.3 小句类型

我们知道,小句是在层次分级上接近层级顶部的一个句法范畴。它有主语也有谓语,是一个结构上完整的语言单位。小句语法结构分析的传统方式是指出它所包含的短语或词组的功能范畴,这些短语可能是"多个词"短语,也可能是"单个词"短语。在这些功能范畴中,最重要的当属主语 S 和谓语动词 V(这里"谓语动词"不是指词类,而是指一个功能范畴)。其他的功能范畴还有**宾语** O、**补语** C 和**状语** A,它们又可细分为**直接宾语** Od、**间接宾语** Oi、**主语补语** Cs、**宾语补语** Co、**主语必要状语** As 和**宾语必要状语** Ao。下面我们举一些例子来熟悉一下这些术语。

例 5-5
以下小句中下划线的部分是直接宾语:
(1) he had made <u>a great mistake</u>
(2) the hot weather turned <u>all the milk</u> sour
(3) give him <u>something</u> to keep him quiet
(4) I didn't tell anybody <u>anything</u>

例 5-6
以下小句中下划线的部分是间接宾语:
(1) please call <u>me</u> a porter
(2) keep <u>me</u> a seat
(3) his wife sometimes made <u>him</u> rice

例 5-7
以下小句中下划线的部分是主语补语:
(1) you must keep <u>calm</u>
(2) the weather is turning <u>warmer</u>
(3) the young man was slowly going <u>mad</u>

例 5-8

以下小句中下划线的部分是宾语补语：

(1) his in-laws had simply made him <u>their servant</u>

(2) he proved himself <u>a great soldier</u>

(3) he grew his hair <u>long</u>

例 5-9

以下小句中下划线的部分是主语必要状语：

(1) keep <u>out of sight</u>

(2) she is <u>at home</u>

例 5-10

以下小句中下划线的部分是宾语必要状语：

(1) she put the book <u>on the table</u>

(2) keep your hands <u>off me</u>

小句通常分为以下七种类型：主动句型（SV）、主动宾句型（SVO）、主动补句型（SVCs）、主动状句型（SVAs）、主动宾宾句型（SVOiOd）、主动宾补句型（SVOCo）和主动宾状句型（SVOAo）：

例 5-11

(1) The sun is shining.（主动句型）

(2) The film bored her.（主动宾句型）

(3) The house looks nice.（主动补句型）

(4) My room is on the second floor.（主动状句型）

(5) His father gives him a birthday gift.（主动宾宾句型）

(6) The girl painted the box blue.（主动宾补句型）

(7) Your brother put your book on the shelf.（主动宾状句型）

这里"主动"表示"主语+谓语动词"，而不是指与"被动句"相对应的"主动句"。讨论小句类型时我们不考虑时间、地点和方式等状语,因为这些状语对小句结构来说并非是必要的成分。还有,如果只有一个直接宾语时就没有必要用小写字母 d 或 i 来标示 O。

5.4 语法范畴

语法范畴这一术语有时是指词类,有时是指短语、小句等句法范畴,还有时是指诸如主语、宾语和状语之类的功能范畴。但在更多的情况下,语法范畴是指那些往往用词末屈折成分来标记的某种词类特征。举例来说,在英语中 book 有两种形式——单数 book 和复数 books,这两种形式就用零屈折成分和屈折成分-s 表示了一个语法范畴"**数**"。同样,动词 work 的现在形式 work 和过去形式 worked 是否有屈折成分-ed 的差异构成了英语的语法范畴"**时**"。除了上述"数"和"时"以外,名词和形容词还有"**格**"和"**性**",动词还有"**体**"、"**态**"和"**式**"等语法范畴。所有这些语法范畴对于像法语和俄语这样的屈折性语言来说都是至关重要的。虽然英语已不再是屈折性语言,它的大部分屈折成分早就不用了,但有些语法范畴在英语语法中仍有它们的一席之地。

作为语法范畴的"**性**"是名词、代词或出现在名词短语中的限定词、形容词等的一种任意指定的特征。许多屈折性语言都区别三个和意义有一定关联的性:**阳性**、**阴性**和**中性**。而英语并没有用屈折形式来标记的性,在 princess、duchess 和 actress 中的后缀-ess 只是一个派生语素,而不是屈折语素。在英语中我们也是根据事物的自然性别来选用代词的。请比较下列法语句子和对应的英语句子:

例 5-12

(1) 法语:Le cadeau(阳性)est beau.
英语:The gift is fine.
(2) 法语:La maison(阴性)est belle.
英语:The house is fine.

礼物(gift)和房子(house)并没有性别,但在法语中它们的"性"却被任意指定了,礼物成了阳性而房子成了阴性。我们还可以注意到法语句子的限定词、名词和形容词之间还有性的"**一致性**":le、cadeau 和 beau 都是阳性,而 la、maison 和 belle 都是阴性。

语法范畴"**格**"用于名词性的词、短语或词组。格表示的是它们在句子中的句法、语义角色。格在屈折语言中的地位十分突出,例如，拉丁语有六个格：

主格（用于主语）

呼格（用于作为称呼的名词）

宾格（用于直接宾语）

属格（用于作为修饰语或表示所有关系的名词）

与格（用于间接宾语）

离格（当表示离开动作时用于名词）

在英语中只有一些代词有与"格"相对应的形式，如主格有 I、we、he 等，宾格有 me、us、him 等，属格有 my、our、his 等。除了代词系统，英语的名词或名词短语仅有一个类似格的形式区别，即用后缀-'s（boy's）或在书面语中用省字符"'"（boys'）来标示的"英语所有格"。

"**数**"主要是名词的一个语法范畴，不过并不是所有的英语名词都具有单复数的区别。那些有复数形式标示-s 的名词称作"**具数名词**"。

语法范畴"**人称**"在英语代词系统中也有明显的标示形式，我们有第一人称的 I、me、we 和 us，第二人称的 you，第三人称的 it、he、him、she、her、they 和 them。**人称**的区别在动词形式上也有所标示，当主语是第三人称单数而动词是现在时的时候，我们说 It hurts，动词的形式和 They hurt 不同。

"**时**"表示的是动词的形式与说话者的时间概念之间的关系，而"**体**"则表示说话者是怎样看待动词所描述的事件的。英语有两个"体"的结构形式，即用"have + -ed 分词"标示的**完成体**以及用"be + -ing 分词"标示的**进行体**。

语法范畴"**式**"是指动词**陈述语气**、**祈使语气**和**虚拟语气**的形式区别。虚拟语气用来表示一些非事实或假设性的情景。英语的虚拟语气主要是用动词原形以及 were 来标示的。当我们用动词原形来标示虚拟语气时,动词的"时"没有标记所以主语和动词之间也没有通常应该有的那种"数"的一致。当我们用 were 时,该词并不表示动词的过去时,也不表示主语是复数。请看以下例句中的动词形式:

例 5-13

(1) He is quiet.

(2) He was quiet.

这两句的动词是陈述语气,有过去时和现在时的不同。

例 5-14

(1) Be quiet.

(2) John, do it now.

而这两句是祈使语气,没有时的区别。

例 5-15

(1) I demanded that he <u>be</u> quiet.

(2) If he <u>were</u> quiet, I would not be angry.

这两句中有下划线的动词是虚拟语气,也没有时的区别。句(2) 用了 were,但主语并非复数,描述的也不是一个过去的情景。在句(1) 的主语 he 和动词 be 之间也没有数的一致。

"态"和其他语法范畴不同,因为它和句子的句法结构密切相关。态使我们能从两个不同的角度来描述同一件事。英语被动态的标记形式是"be + -ed 分词"。例如,主动句可以转换成被动句:

例 5-16

(1) James made a chair. (主动句)

(2) A chair was made (by James). (被动句)

5.5 "非谓小句"

小句中的谓语动词短语有时和式的区别,与小句中的主语有人称和数的**一致**。但有些小句并不像正常的小句那么"完整",我们可以把它们称为"**半小句**"或"**非谓小句**"。说它们不"完整"是因为它们的谓语动词没有时、式、人称和数的区别,它们可以没有主语,尽管它们仍然有一个谓语结构,也仍然可以像分析正常小句一样分析它们的各个功能范畴。例如,在下面例句中有下划线部分的是非谓小句:

例 5-17

(1) The best thing would be <u>for you (S) to paint (V) the room (Od) green (Co)</u>.

(2) <u>When (conj.) ripe (Cs)</u>, these apples are delicious.

例 5-17-1 中,划线部分的功能范畴与对应的正常小句 you (S) should paint (V) the room (Od) green (Co) 中的功能范畴完全一致;例 5-17-2 中,划线部分的功能范畴与相对应的正常小句 when (conj.) they (S) are (V) ripe (Cs) 的功能范畴也一致。

非谓小句可能是"**非定式小句**",也可能是"**无动词小句**"。非定式小句可以有主语,也可以没有主语。英语有以下四种非定式小句:

1. **to** 不定式小句
2. 不带 **to** 不定式小句
3. **-ing** 分词小句
4. **-ed** 分词小句

以下例句中的下划线部分就是这些小句的例子:

例 5-18

(1) I want <u>to be here this evening</u>. (不带主语的 to 不定式小句)

(2) It's all right <u>for me to be here</u>. (带主语的 to 不定式小句)

(3) You'd better <u>do it everyday</u>. (不带主语的不带 to 不定式小句)

(4) Rather than <u>you do the job</u>, I'd prefer to leave it undone. (带主语的不带 to 不定式小句)

(5) <u>Sitting at the window all day</u>, I see a lot of different people. (不带主语的-ing 分词小句)

(6) <u>My son having left for school</u>, I sat down at the computer to work. （带主语的-ing 分词小句）

(7) <u>Surprised by the news</u>, we could hardly say anything. （不带主语的-ed 分词小句）

(8) <u>The project completed</u>, the team moved to another construction site. （带主语的-ed 分词小句）

带-ed 分词的非定式小句自然都是被动的，带-ing 分词的非定式小句自然都是进行体，除非有表示完成体的-ed 分词存在。

无动词小句没有任何形式的动词，它们的形式比非定式小句更加简约，往往被看作是一个简约了的非定式小句，它的主语可以在上下文中找到，它的谓语动词是 be 的某种形式。

例 5-19

(1) <u>Too nervous on the stage</u>, I forgot all I was supposed to say. （Being too nervous on the stage, …）or（Because I was too nervous on the stage, …）

(2) <u>Whether right or wrong</u>, the decision must be carried out to the word. （Whether the decision is right or wrong, …）

(3) Fill in the missing words <u>where necessary</u>. （…where it is necessary.）

句（1）是 Being too nervous on the stage, …或者 Because I was too nervous on the stage, …的简约形式；句（2）是 Whether the decision is right or wrong, …的简约形式；句（3）是…where it is necessary 的简约形式。

5.6 小句成分的语义角色

小句由一些短语组合而成，这些短语所表达的意义合起来构成了句子的意义。上文已经提到，句子中最重要的短语是名词短语和动词短语。谓语动词是整个句子意义的轴心，它决定了句中名词短语之间的关系。谓语动词决定了小句的类型。**连系动词**后面应该是主语补语或者是主语必要状语，如小句类型 SVCs 或者 SVAs。**及物动词**就不同了，它后面应该是一个或者两个宾语，其中的直接宾语可能带一个宾语补语，这些不同表现为小句类型的不同，如 SVO，SVOiOd 或者 SVOCo。谓语动词也是决定各个名词短语在小句中的**语**

义角色的关键。请看以下"单小句"句子：

例 5-20

(1) The terrorist killed the minister.

(2) The terrorist was killed.

(3) The terrorist was dead.

(4) The terrorist had a gun.

(5) The terrorist liked guns.

句（1）中的 the terrorist 是"**施事者**"，是动作 to kill "有生的"执行者，而句（2）和句（3）中的同一名词短语 the terrorist 却是"**受事者**"，是该事件中受该动作直接影响的参与者。在句（4）中动词 to have 表示"所有"这一含义，因而 the terrorist 是"**受惠者**"，是从该动作中受益的参与者。在句（5）中动词 to like 的词义使 the terrorist 成为"**经验者**"，成为经历了某种心智方面的状态或过程的该事件的"有生的"参与者。

在许多小句中，尤其是当句中的主语是"有生的"，当谓语动词表示的是一身体动作的时候，名词短语的句法功能成分，如主语、间接宾语、直接宾语以及状语或状语的一部分，往往与某些语义角色有一一对应的关系。例如：

例 5-21

(1-a) Soldiers stopped the enemy troops with gunfire.

(2-a) I gave John a letter in Berlin Wednesday.

在 1-a 中，主语 soldiers 是**施事者**，直接宾语 the enemy troops 是**受事者**，在工具状语 with gunfire 内的名词短语 gunfire 的语义角色是"**工具**"。

在 2-a 中，主语 I 是**施事者**，直接宾语 a letter 是**受事者**，间接宾语 John 是受惠者，在地点状语 in Berlin 内的名词短语 Berlin 的语义角色是"**地点**"，而做时间状语的名词短语 Wednesday 的语义角色是"**时间**"。

尽管如此，名词短语之间的句法功能关系和语义角色关系是截然不同的范畴，并不总是一一相对应的。无论从同一个"基本句"或"深层结构句"衍生而来的句子结构如何变化，只要句义所表达的整体事实没有改变，它的各个名词短语的语义角色就不会改变。举例来说，从例 5-21-1-a 可以衍生出以下两句：

(1-b) The enemy troops were stopped.
(1-c) The gunfire stopped the enemy troops.

虽然句（1）中的 the enemy troops 和句（2）中的 the gunfire 分别成了主语，但 the enemy troops 仍然是受事者，名词短语 the gunfire 的语义角色仍然是"工具"。再如，从例 5-21-2-a 可以衍生出以下四句：

(2-b) A letter was given to John from Berlin.
(2-c) John was given a letter Wednesday.
(2-d) Berlin is the place in which I gave John a letter.
(2-e) Wednesday was the day when I gave John a letter in Berlin.

我们可以看到，a letter、John、Berlin 以及 Wednesday 的语义角色与它们在原句中的语义角色是一样的，但它们现在都成了句子的主语。

5.7　小句的组合和扩展

先看下面的"单小句"句子：

例 5-22-1

　　Girls sang beautifully.

如果我们需要发布关于这一事件的更为详尽的信息,那我们将怎样扩展这一句子呢?请注意句子中的三个"单一词"短语 girls、sang 和 beautifully,它们也分别是这三个短语的"**中心词**",而且都可以扩展为更复杂的短语,只要在它们的前后加上一些"**修饰语**"就行了。这样 girls 就可以扩展成为:

(1) the girls

(2) the two girls

(3) the two girls over there

(4) the two girls in red

(5) the two girls standing over there

(6) the two girls who are standing over there and dressed in red

而 sang 则可以用下列短语来替代:

(1) had sung

(2) could have sung

(3) could have been singing

同样,beautifully 可以变为:

(1) very beautifully

(2) beautifully indeed

(3) more beautifully

(4) far more beautifully

(5) far more beautifully than the other girls did

现在我们只要把它们组合一下就可以得到像下面这样的句子:

例 5-22-2

The two girls who are standing over there dressed in red could have been singing far more beautifully than the other girls did.

为了使一个短语变得更为复杂,我们在例 5-22-1 嵌入了两个小句 who are standing over there and dressed in red 和 than the other girls did。他们被称为"**内嵌分句**"。从理论上来说,我们可以在一个短语内嵌入无限多的小句使句子的长度无限地增加。下面这首儿歌就是这样逐句加长的:

This is the farmer sowing the corn,

that kept the cock that crowed in the morn,

that waked the priest all shaven and shorn,

that married the man all tattered and torn,

that kissed the maiden all forlorn,

that milked the cow with the crumpled horn,

that tossed the dog,

that worried the cat,

that killed the rat,

that ate the malt,

that lay in the house that Jack built.

(Fromkin & Rodman, 1988: 186)

虽然这首儿歌因为有此长句而变得很有趣, 但在日常生活中人们是不会这么使用英语的。

要使句子变得更复杂, 我们还可以用小句来充当主语、补语、直接宾语以及状语等句法功能范畴。请看例句:

例 5-23-1

It means something then.

在上面的"单小句"句子中, 主语是 it, 直接宾语是 something, 状语是 then。它们都能用小句来替代:

例 5-23-2

That people began to return to their homes means that there was hope of peace when the war was still going on.

现在, 主语是 that people began to return to their homes, 直接宾语是 that there was hope of peace, 而状语则是 when the war was still going on。在以下例句中有下划线的小句分别是主语、补语、宾语和状语:

例 5-24

(1) Whoever breaks this law deserves a fine. (主语)

(2) I took what was on the kitchen table. (直接宾语)

(3) He gave whoever asked for it a copy of his latest paper. (间接宾语)

(4) April is when the lilacs bloom. (状语)

(5) You can call me whatever you like. (宾语补语)

(6) You can stay where you want to. (状语)

(7) He lost his father when he was eight years old. (状语)

这些由小句来做主语、宾语、补语和状语的句子叫"**复杂句**",

这些小句也可以是非定式小句或无动词小句，如下列例句的下划线部分：

例 5-28

（1）Swimming in the river and goofing around was all I did. （主语）

（2）The wisest policy is for us not to interfere at this critical moment. （主语补语）

（3）I enjoy having the damaged window repaired. （直接宾语）

（4）The damaged window having been paid for by the parents, the police were not called. （状语）

（5）To make the wall look nicer, I decided to paint it green. （状语）

另一条把句子加长的途径是把功能相同的小句平行地组合在一起，或者干脆把两个句子连接在一起，这样的长句叫"**并列句**"。例如，下划线部分的两个句子是用加连词的方式并列连接成长句的：

例 5-26

（1）The spring had come at last, and snow on the ground began to melt.

（2）Have a look at the picture, but don't touch it.

在下列的一组例句中功能相同的小句被并列在一起：

例 5-27

（1）If she pass the maths exam and (if) she is willing to continue her studies here, no one can stop her.

（2）The Dean believed that the students are not working hard enough, and that the teachers are too lenient.

（3）Someone who are familiar with the area, but whose home is outside it, is unlikely to arouse suspicion.

同样，功能相同的非定式小句或无动词小句也可以并列在一起，如：

例 5-28

（1）She asked me to come to the party, or at least to phone her the day before the party.

（2）Sally is fond of playing computer games and listening to pop music.

(3) <u>Gun in hand</u> and <u>black stocking on head</u>, they walked into the bank.

灵活地应用复杂句和并列句来造句，我们的长句就会是既内容丰富多彩又形式严谨。我们把这两者很好地结合起来，就能使一个句子的复杂性达到很高的程度，它可能包含多层细致的描述和例证翔实的说明而又不会晦涩难懂。请看下面的句子（Quirk，1985：1035）：

例 5-29

Although I know it's a bit late to call, seeing your light still on and needing to get your advice if you'd be willing to help me, I parked the car as soon as I could find a place and ventured to come straight up without ringing the bell because, believe me, I didn't want to add waking your baby to the other inconveniences I'm causing you.

这个长句中一共有 16 个不同的小句：

(1) Although I know it's a bit late to call,

(2) seeing your light still on

(3) and needing

(4) to get your advice

(5) if you'd be willing

(6) to help me,

(7) I parked the car

(8) as soon as I could find a place

(9) and ventured

(10) to come straight up without

(11) ringing the bell

(12) because, …, I didn't want

(13) believe me

(14) to add…to the other inconveniences

(15) waking your baby

(16) I'm causing you.

在句中，(7) 和 (9) 是并列的小句，都属主动宾句型，是句子结构的核心部分。(9) 的宾语是 (10)，它的原因状语是 (12)。(11) 是 without 的介词宾语，整个介词短语是 (9) 的方式状语。而 (12) 则有一个插入的状语 (13) 以及做宾语的不定式小句 (14)。

(15) 是（14）中的宾语，(16) 是 inconveniences 的修饰语。(7) 和（9）有一个前置让步状语（1），该让步状语自己有两个并列的宾语（2）和（3）。(4) 是（3）的宾语，(5) 是（3）的条件状语，(6) 是 willing 的修饰语。

5.8 本章小结

在句法学中我们研究的是把词组合成不同句子的模式。词可以根据它们的语法特征和他们在句子中可能出现的位置来分类。词类有封闭性的也有开放性的。同一词类的词在同一语法环境中一般都可以相互置换，这是因为它们有相同的语法上的局限性也有相同的潜在句法功能。句子中的词是分别组合在一起的，词的各种组合与诸如短语或小句之类的句法范畴相对应，都是一些语法单位。大的语法单位会包含一些较小的语法单位，而这些较小的语法单位中又会有更小的语法单位。这些单位按照层次等级依次为：句子、小句、短语、词和语素。用连续的一分为二的切分来分解句子结构的方法叫"直接成分分析"，它在分析句子中所有词之间的线形次序关系的同时也揭示它们之间的层级关系。小句语法结构的传统分析是把小句的各个部分分成一些功能范畴，如**主语**、**谓语动词**、**宾语**、**补语**和**状语**。小句一般被认为有 7 种类型，它们是**主动句型**、**主动宾句型**、**主动补句型**、**主动状句型**、**主动宾宾句型**、**主动宾补句型**和**主动宾状句型**。"语法范畴"通常是指词类的某些特性，这些特性往往是用屈折后缀的形式来标示的，如名词和形容词的数、格和性，还有动词的时、体、态和式。

谓语动词是决定小句结构中的各个名词短语扮演何种语义角色的关键。**施事者**是"有生的"动作执行者；**受事者**是受该动作直接影响的参与者；**受惠者**是从该动作中得到益处的参与者；**经验者**是"有生的"参与者，该参与者经历了某种心智的状态或过程。由于各个名词短语的语义角色在"基本句"或"深层结构句"衍生出的不同句子中都保持不变，而它们的功能范畴却往往发生了变化，它们之间的语法关系和语义角色关系并不是一一对应的。

有许多小句在结构上并不"完整"，我们把它们称为"半小句"或"非谓小句"。非谓小句可以是非定式小句，也可以是无动词小句。一个小句中的每一个短语都有一个中心词，在中心词的前后加上修饰语就可以构成更为复杂的短语。我们可用小句来做主语、补语、宾语或状语从而得到复杂句，我们也可用平行组合小句的方式来得到并列句。灵活地应用复杂句和并列句来造句，我们就能使一个句子的复杂性达到很高的程度。

参考文献

Fromkin, Victoria & R. Rodman. 1988. *An Introduction to Language*. (4th ed.). New York: Holt, Rinehart and Winston, Inc.

Halliday, M. A. K. 1995. *An Introduction to Functional Grammar*. (2nd ed.). London: Edward Arnold.

Quirk, R., et al. 1985. *A Comprehensive Grammar of the English Language*. London: Longman Group Ltd.

Thompson, Geoff. 1996. *Introducing Functional Grammar*. London: Edward Arnold.

胡壮麟. 2001. 语言学教程（修订本）. 北京：北京大学出版社.

丁言仁，郝克. 2001. 英语语言学纲要. 上海：上海外语教育出版社.

问题和练习

1. 找出本章开始时引用的《Jabberwocky》一诗中的非英语词，并尝试确定它们的词类。
2. 为下列结构上有歧义的句子分别作两个有标示的树形图：
   a. The police saw the man with a telescope.
   b. She is an English history teacher.
   c. Visiting scholars can be boring.
   d. The children of the men and women were rescued first.
3. 为下列各句提供两种不再有歧义的说法：
   a. We have greater interest in our environment than the younger generation.
   b. There were more wealthy farmers than you young industrialists.
   c. They need more highly trained teachers.
4. 我们能把下列各句改成被动态吗？能改成被动态的句子在改成被动态以后还和原句在意义上相同吗？
   a. A boat floated down the river.
   b. They have a nice house.
   c. John hoped to meet her.
   d. Every schoolboy knows one joke at least.
   e. John cannot do it.

  f. John has visited the school twice.

  g. Beavers build dams.

5. 仔细观察下列句子，找出主语：

  a. The cleaner opened the door with the master key.

  b. The door was opened by the cleaner with the master key.

  c. The master key opened the door.

  这些句子中的名词短语的语义角色是什么？你能找出它们的功能范畴和它们的语义角色之间的关系吗？

6. 用括弧中所提供的小句为材料来扩展下列各句：

  a. Marianne communicated a piece of news to her sister, Elinor.

   （Elinor and Marianne were walking together the next morning; it surprised her by its testimony of both; Elinor knew of Marianne's imprudence and want of thought; it surprised her in spite of her knowledge）

  b. His way lay up the Myanos River.

   （He had one or two traps set along the banks for muskrats; he was in constant danger of having the traps robbed or stolen by boys; boys considered this an encroachment on their trapping grounds）

  c. The cat went through the hole in Menzie's side door.

   （The cat went over the wall at the back; the cat then sat down; the cat then devoured the lump of liver; the cat then licked her chops; the cat then felt absolutely happy; the cat then set out by devious ways to the rubbish-yard; her family was awaiting her in the rubbish-yard）

第6章

语法：语篇

> 每个语篇都是一个语义单位，而不是语法单位。但意义是通过措词实现的，没有措词方面的理论——即语法——是无法将人们对语篇意义的理解阐述清楚的。
>
> ——M. A. K. 韩礼德

6.1 引言

我们讨论**语法**时，通常想到的是句子的语法。确实，狭义上讲，可以认为语法是关于句子正确性的一系列规则；但广义上讲，语法是同语言使用的所有方面相关联的，像如何组词成句、组句成篇等等。在本章中，我们将要探讨在理解大于句子或小句的内容时——我们称之为**语篇**——语法是怎样起作用的。这部分内容以功能语法为理论基础，因为该流派将研究的目光投向语篇，而没有仅仅停留在句子层面。

首先，什么是语篇？语篇是由有一定篇章质地的一系列句子组成的，句子的长短不受限制。那么什么是篇章质地？篇章质地是将语篇内在地并且在情境中粘合成一体的属性。

一个语篇就是在实际口语或书面语交际情境下的一些话语。为了解释人类语言工作的原理，当代语言学家转向用语篇（有时称为话语）来研究语言和语境间的关系，在此类研究中功能语言学家最为积极。

图6-1　这些都是语篇！

正是通过对语篇的分析我们才能加深对语言体系的理解，理解它是如何让说话人和作者把要表达的意义组合成一个整体。

在功能语言学家眼中，只处理单个句子的语法是远远不够的。我们需要的语法应该能够解释不同类型的一句话以上的内容，不论是口语还是书面语。一方面，一句话中词汇的选择及顺序经常取决于前面的句子；另一方面，语言中一些像代词这样的特别词汇，它们可以和前面出现的名词一样指代同一个事物。

下面我们将探讨语篇意义的两个方面，你将会看到语法是怎样和语篇相关联的，以及语法是如何发生作用从而使一些语篇好于另外一些语篇。

6.2 主位和语篇功能

主位是小句意义的出发点,它的作用是连接小句的信息和语篇的信息。小句中剩余的部分叫做**述位**。只要确定了主位,那么述位就是"其他内容"。从信息组成来看,小句的组成是:

主位 + 述位

例如,下面一组句子表达了作者关注内容的不同:

例 6-1

(1) The butcher knife was found in the garden by the police. (强调由谁来做)

(2) The police found the butcher knife in the garden. (强调地点)

(3) In the garden the police found the butcher knife. (强调发现的东西)

图 6-2 主位——作者关注的出发点

再看另外一组句子(Eggins,1994:272):

例 6-2

原句:

(1) But in Switzerland they give you a cognac. Here they give you tea and bikkies.

改动后的句子:

(2) But they give you a cognac in Switzerland. They give you tea and bikkies here.

(3) But in Switzerland they give you a cognac. They give you tea and bikkies here.

……

还有其他改动方法，但你会发现原句效果更好。原因就在于用什么内容作为句子的开头：在（1）中，两个句子的主位"But in Switzerland"和"here"形成极为鲜明的对比。

语言的功能之一是将信息组成语篇。主位与每个小句的信息组织有关，进而和语篇的组织发生联系。戴恩斯（Danes，1974）分析了**主位推进**的几个模式。

（1）连续或固定主位模式

这种模式有固定的主位，也就是说，每个小句都有相同的主位，而且这个主位和**已知**信息一致。这种模式常见于提供传记信息的短篇，有时在侧重描述一个人或一类人的记叙文中也可以找到。例如：

例 6-3

  They are basically timid or self-conscious. **They** lack frankness and are usually very sensitive but hate to admit it. **They** are motivated either by great ambition or extreme laziness. **They** want to be kept busy but refuse to admit it. **They** are frequently the victims of earlier poor training…

（2）线型主位模式

上一小句的述位是下一小句的主位，常见于说明书或科学叙述文中。例如：

例 6-4

  The milk goes first to **a clarifier**. <u>The clarifier</u> is **a machine for applying centrifugal force.** <u>It</u> consists of a rapidly revolving bowl containing several **discs**. <u>The discs</u> separate the milk into thin **streams**. <u>The streams</u> of milk then pass into **a preheater**. <u>The preheater</u> …

（3）分裂述位模式

小句的述位由几部分组成，每部分依次作为下面小句的主位。在写作中，我们经常使用这种模式来逐步阐述观点。例如：

例 6-5

  For me, teaching is <u>a red-eye, sweaty-palm, sinking-stomach profession</u>. <u>Red eye</u> because I never fell ready to teach, no matter how… <u>Sweaty-palm</u> because I'm always nervous before I walk into that classroom … <u>Sinking stomach,</u> because I walk out of the classroom an hour later and convinced that I was even more boring than usual.

由于开始一个句子的方式很多，所以主位也就有不同的类型。但组成主位的成分总是从句子开头算起，到小句的第一个**参与者**为止。例如：

例 6-6

(1) Birds of the same feather flock together.
(2) However, he didn't appear at all.
(3) Do you go to school every day?
(4) I think they are wrong.
(5) Jane, are you coming to our party this evening?
(6) Well at least she passed the exam.

如果下一个更全面的定义的话，主位就指小句中从开头到作为主语的参与者的所有内容（包括参与者）。那么英语中小句的主语到底是什么呢？这可以用**附加疑问句**来验证。例如，在 But he saw it 和 I think he is right 中 he 是主语，因为如果给这两个小句加一个附加疑问句的话，我们只能用 he。

例 6-7

(1) But he saw it, didn't he?
(2) I think he is right, isn't he?

所以通常来讲，小句中主位主要指主语及主语前的所有成分。然而，句子经常会以地点、时间或方式状语从句开头，这时我们就把这些状语从句或短语作为主位，而不包括小句的主语：

例 6-8

(1) Merrily and merrily they danced.
(2) On Sunday mornings I get up late.

主位是组织小句信息的两种形式之一，另外一种是**信息**结构。

6.3 信息结构

主位利用小句中的开始位置来组织信息，其后跟随的是述位；而信息结构则用音调来强调内容的重点。我们说话时会用高声调来表示小句中的**新信息**（更专业地说，新信息中有一个调核音节）。例如：

例 6-9

Which one is Mary's boy?

He's	the **tall** one.
主位	新信息

黑体词"tall"在此表示它在小句中需要高音调，或者是重读，因而它代表新信息。

正如我们上面注意到的，主位提供的信息为小句建立了局部环境（语境），小句的内容又构成语篇信息发展的特定部分，可以把这个局部环境看作是解释小句中要表达内容的起点。

信息的语篇系统是对主位的补充：在默认的情况下，小句的主位传递已知信息，而信息系统中的**新**信息则位于述位（Martin et al., 1997：53）。

如我们所知，语言的节奏可以分为两种：

音节计时——即语速取决于音节

音步计时（或**重音计时**）——即语速取决于**音步**：一个由一个或多个音节构成的单位

信息的单位是**调群**，即一个意群中包含有一个音高（调核）（用大写字母表示，如下例），调群的界限用双斜线表示。例如，以下有两个调群：

例 6-10

//It's FINE today//and we can have an OUTing//

如果我们比较音步和调群，音步是节奏单位，是音位上的组成成分，而调群是语调单位，是信息的成分。例如我们可以利用调群的帮助区别以下两组内容：

例 6-11

//TELL me//WHEN he comes//

//TELL me when he comes//

究竟什么是信息单位呢？小句的内容被组织为一个或多个信息单位，由语调来实现。**信息结构**就是一个互动的过程——在已知的或可预见的和新的或不可预见的信息之间。

信息单位由**新信息**和**已知信息**组成，新信息是必要成分，而已知信息则不是必要成分。正常的顺序是：

已知信息 + 新信息

所谓已知，可以是由于先前在语篇中已被提及，或在情景语境中实物就在眼前；所谓新信息，是指它是首次被引入语篇，或在第二次引入语篇时被加以不同对待。

一个调群包含一个并且是唯一的一个**调核音节**（即有最大的音高），调核音节的作用是标志调群中的新信息。

在通常情况下，调核音节会落在调群中的最后一个**实词项**上，该词项通常是构成新信息的中心词，并且担任调群中音高移动的重要任务。

例 6-12

　　// ^ in a / faraway / LAND //
　　// ^ there / lived a / bad / naughty / FAIRy //
　　// ^ and a / handsome / PRINCE //
　　// ^ and a / lovely / PRINcess //
　　// ^ she was a / really / WICKed / fairy //

例 6-13

　　// I had one of those nice old tropical HOUses // I was very LUcky // it was about thirty years OLD // on some PIllars // with a long staircase UP // and folding DOORS // back on a veRANdah //

因此，调核所在的音节就是新信息的高潮：它标志着新信息的结束——在典型情况下是信息单位中的小句结构中最后一个功能性成分。如例 6-12 中第一到四行中的最后一个实词即为新信息的结束，调核落在大写部分的音节上。

这样，我们也就比较容易理解言语中常见的比较性信息焦点：

例 6-14

　　（1）**John** painted the shed yesterday.
　　（2）**Who** painted the shed yesterday?
　　（3）Did **Mary** paint the shed yesterday?

如果我们总结一下信息结构的基本类型，就可以看到主位和已知信息在前，述位和新信息在后，至少这是从语篇接收者角度来看的默认顺序。而实际上，在语篇中，新旧信息和主位、述位之间并没有整齐的对应，这其中的变化和操纵，正是语篇意义之所在。

6.4 衔接

现在让我们进入到语篇意义及其语法实现的另一个方面,首先来考察一下以下两个类似语篇的段落:

例 6-15

(1) Once upon a time there was a little girl called Snowflower. It's very stuffy in the rainy season. It does so. No, I have no idea how to make the toy cars stop creaking.

(2) Once upon a time there was a little girl called Snowflower. She was a beautiful girl and loved snow a lot. One day it began to snow and the girl ran out of the house to play with the snowflakes. Soon she was all white and her face and hands turned red in the cold wind.

哪一个段落在你看来是"语篇",哪一个是"非语篇"?让我们回到这个问题:是什么使语篇成为语篇?在这一部分里我们将考察语篇中的衔接。

衔接指的是使语篇联结在一起、或者说使一堆句子成为一个语篇或语篇组成部分的因素。在英语中有四种衔接资源,即指称、省略(包括替代)、关联词和词汇衔接(Halliday, 1994)。

6.4.1 指称

指称这一衔接手段指的是作者/说话人在语篇中介绍参与者(人、地点和事件),并在它们一旦进入语篇之后标志它们的踪迹。例如:

例 6-16

He won a first prize and with the money he bought a new computer which brought him a lot of fun.

我们可以把代词划分为三类:

人称代词:he, she, my 等;

指示代词:this, these, those 等,指示代词取决于**指示词**(this, that, these, those)和附加词(here, there, now, then);

比较代词:same, other, identical, better, similar 等。

每当语篇中的一个参与者被提及时,作者必须向读者表明该参与者是已知的还是新的。因此参与者可以作为新信息进入语篇(如例 6-16 中的 "a first prize"）或者作为假设已知的（presuming）信息（如例 6-16 中的 "the money"）。只有假设已知的参与者才在语篇中形成衔接，因为读者得沿着语篇的发展追踪 "something" 或 "he" 或 "she" 指的是什么。

最常见的假设已知指称项目有：

定冠词：*the*

指示代词：*that, these, those*

人称代词：*he, she, it, they*

有时新信息和假设已知的信息之间的互动相当有趣，或者对读者比较友好。例如，在以下两段选自《时代周刊》的文章中，假设已知的 "these" 和 "the" 的使用使读者感觉良好，他们对所指的人可能并不了解。

例 6-17

（1）The Beatles announced the imperial triumph of the pop-culture. Thanks to technology, these Liverpool lads won a world-wide...

（2）Picasso. The last name alone is enough to sum up 20th century art. The Spanishborn painter went through several stages of development...

由于汉语中没有定冠词，我们很难依据形式判断书面语篇中的指称链，不过在意义上因为有语境所以并不难理解。例如，在以下语篇中，所有的 "电影" 都指的是第一次提到的那部，虽然在每一次重提时前面并没有定冠词：

例 6-18

我去看电影了。电影很好看。看电影的时候发生了一件有趣的事……看完电影后，我又去了学校。

指称可以沿语篇流动的方向前指或后指，以下是一个前指的例子：

例 6-19

To see how it works, all you need to do is **this**: **open your book to page 5**.

更为常见的情况是后指，即所指的项目先出现，然后再用代词回指该项目。例如：

例 6-20

John is a nice guy. **He** often helps others.

指称形成的指称链使语篇结合在一起。在阅读过程中,我们意识到指称赋予语篇中两个或更多的表达以相等的关系,即指同一的人、事或观点。

指称衔接的一个基本特征是在第二次或随后的提及中,所指的人或事不再被命名,而是用代词来表示,如人称代词、指示代词或比较代词等。

我们可以通过考察指称来研究语篇中的参与者是如何被引进语篇的:

——介绍(a, an, some, etc.) *a man*

——假设已知(the, they, etc.) *the man*

建造指称衔接链也帮助读者跟踪语篇中的指称。词汇衔接在建立这样的链中也起同样的作用,例如:

a **man** < the **man** < the **chap**

在指称和主位推进之间有一种有趣的互动。请看下面的几小节,判断一下在每一小节中"they"指的是什么,并考虑一下你判断的依据是什么。

例 6-21

(1) Spurs played Liverpool. They beat them.

(2) The cops chased the robbers. They caught them.

(3) The cops chased the robbers. They eluded them.

(4) These ponies the children were given by their grand-parents. They are staying here now.

代词指称的使用不当经常会造成衔接的歧义。例如:

例 6-22

Teacher A (Mrs Curtin): Go and ask Mrs Travis if she can give you the note that your mum wrote for her last week and bring it back here to me now.

Pupil (to Teacher B, Mrs Travis): Mrs Curtin says please can she give you the note for my mum?

如韩礼德和哈桑指出,"由于指称是语义关系,准则就得在语义学中、而不是在语法中找。在一些情况中只有根据意义我们才能区分歧义"(Halliday & Hasan, 1976: 311)。这样我们就几乎到达了语法和语篇的边界。我们需要更多的知识——如认知语言学和话语语义学等才能解释整体上的意义。如果你已经对这些变得越来越有兴趣，那就在读完这本教程后继续探索这些富有挑战性的领域吧！

6.4.2 替代和省略

替代是用来避免重复的；并非想要省力，而是必须得这样。不然的话听上去就很怪了。在下图中，对牧师的问题的回答"I do"使我们只有苦笑，虽然这本来是对此类婚礼上牧师常提的那个熟悉的问题的回答。

图6-3 "是的，我承诺。"

6.4.3 关联词

小句或语篇部分间的**衔接结**（cohesive tie）起的作用是展示这些部分之间的意义关系。也有可能把这一过程看成是观点、时间或其他现象的连接。这种"连接"或"接连"是通过使用**关联附加词**取得的，如then, for this reason, on the other hand 等。

例 6-23

（1）He was very sick. **In fact**, he needed a blood transfusion.

（2）He is a headache. **I mean** he never gets along with his colleagues.

（3）She spent a month in Shanghai. **Then** she left China for Japan.

（4）He worked very hard. **As a result**, he came out first in the final exam.

关联词可以是**外部的**，也可以是**内部的**，即可以是真实世界中的逻辑关系，或作者的逻辑组织中的关系。试比较一下：

例 6-24

（1）She was busy all day long. **First** she had to cook breakfast for children. **Next**, she sent them to school. **Finally** she settled down to the daily cleaning.

（2）She was a generous person. **First**, she is often involved in the voluntary work for the community. **Next**, she donates money for charity. **Finally**, she pays visit to old people's house frequently.

第一例中的关联关系是外部的，在这里是时间关系，而第二例中，关联关系是内部的，是作者对信息从逻辑上加以了组织，"First"在这里是讲述的顺序，而不是事件发生的顺序。

用关联附加词表达的关系有很多种，限于篇幅，在这里不展开论述。韩礼德和哈桑（Halliday & Hasan，1976）提出了四种衔接关联，即**附加的**、**反向的**、**因果的**和**时间的**。这些关系对我们来说不难理解，因为汉语和其他很多语言都有这种逻辑关系。

6.4.4　词汇衔接

词汇衔接指的是在语篇中一个词汇项和其他词汇项之间有意义上的密切关联，如同义、近义、反义、上下义、搭配等。

最强的衔接力显然来自**词汇重复**。同义关系可以进一步分成两种，即有相同指称的同义关系和没有相同指称的同义关系。下例是海伦·凯勒的文章"给我三天光明"中的选段，请注意黑体部分，你能说出它们是如何造成词汇衔接的吗？

例 6-25

All of us have read thrilling stories in which the hero had only a **limited** and **specified** time to live. Sometimes it was as **long** as a year, sometimes as **short** as 24 hours. But always we were interested in discovering just how the **doomed** man chose to spend his last days or his last hours. I speak, of course, of **free** men who have a choice, not **condemned** criminals whose sphere of activity is strictly **delimited.**

总结一下，当语篇中某个项目的解释取决于其他项目时，就可以说有衔接存在。一个词项的存在取决于另一个，因为不依据另一个就不能解读这一个。换言之，当阐释语篇中的任何词项需要参考语篇中的其他项目时，就有衔接存在。

衔接是对语篇的内部模式的描写，它可以是语言实体之间的关系或者是意义正在展开的过程。有了衔接手段，意义的流动被规矩到踪迹可见的语篇之流中。我们在阅读中都有过这种体会——如果我们跟随某种衔接线索，如经常重复的关键词，我们就会更容易跟随作者的思路或议论展开的逻辑。

关于衔接重要的一点是，在语篇中某一处的某一项和语篇中另一处的另一项之间有一个语义的联结，那个结使这些项中至少有一项的阐释依赖于其他项。

衔接结可分为三种：即**相互指称**（即指称等语法手段），**相互分类**（即省略和替代）和**相互扩展**（即词汇重复、同义、反义、上下义、部分整体等意义关系）。

6.5 会话分析

如果衔接主要是对书面语篇的研究，那么口头互动的情况怎样呢？会话有结构吗？或者说是否有某种东西使会话成为会话，从而区别于一些言语的堆积？研究发现一个电话交谈具有几个明显的部分，以下是根据斯伯尔斯基（Spolsky, 2000: 16）对电话交谈的一个描述：

谁	言语	言语的功能
呼叫方	（拨号，电话接通音）	召唤
回应方	喂？	回应
呼叫方	喂，我是乔，是比尔吗？	说明身份
回应方	是我。	身份确认阶段
呼叫方	你来参加聚会吗？	信息
回应方	当然了，我七点到那儿。	信息结束
呼叫方	好吧，再见。	告别
呼叫方	（挂机）	

这是在两个熟人之间，你能否描写两个很熟悉的朋友之间、家庭成员之间、顾客与公司之间的电话开场白部分有些什么明显的结构？研究会话的开场白和结束部分只是研究了冰山的一角。在会话中，每个参与方都应该得到一定量的话轮，即说话的机会，当然并

不一定所有情况下都是如此。因此，话轮的结构是会话研究中另一个极为复杂的方面。

在电话谈话以及日常会话中有大量的由文化和社会因素决定的变体，未学习过语言学的人刚接触这些变体时会觉得没有头绪，其实事实并非如此。会话分析是一个引人入胜的领域，也许在初步了解语法和语篇的关系后，你会希望继续探索这个领域。

6.6 本章小结

本章探讨了语法与语篇关系的两个方面，即主位和衔接。这些是功能语法框架中建构语篇意义的资源。主位是作者关注的出发点，你可以在任何语篇中观察到主位推进的各种模式；语篇的信息结构与主述位结构之间有着一致和错位的关系，小句中的新信息与我们叫做"调核"的韵律特征有关；衔接通过使用词汇语法手段使语篇粘连为一体。语法和语篇的关系绝不仅仅局限于这两个方面，希望这只是一个能激起你兴趣的开端。

参考文献

Bloor, T. & Bloor, M. 1995. *The Functional Analysis of English：A Hallidayan Approach*. London & New York：Arnold.

Danes, F. 1974. Functional Sentence Perspective and the Organization of the Text. In F. Danes (ed.), *Papers in Functional Sentence Perspective*. Prague：Academia.

Eggins, S. 1994. *An Introduction to Systemic Functional Linguistics*. London：Pinter.

Halliday, M. A. K. 1994. *An Introduction to Functional Grammar*. London：Edward Arnold.

Halliday, M. A. K. & Hasan, R. 1976. *Cohesion in English*. London & New York：Longman.

Halliday, M. A. K. & Matthiessen, C. M. I. M. 2008. *An Introduction to Functional Grammar* (3rd ed.). Beijing：Foreign Language Teaching and Research Press.

Martin, J. R, Matthiessen, C. M. I. M. & Painter, C. 1997. *Working with Functional Grammar*. London：Arnold.

Martin, J. & Rose, D. 2003. *Working with Discourse*. London & New York：Continuum.

Spolsky, B. 2000. *Sociolinguistics*. Shanghai：Shanghai Foreign Language Education Press.

Thompson, G. 2008. *Introducing Functional Grammar*. Beijing：Foreign Language Teaching and Research Press.

胡壮麟. 1994. 语篇的衔接与连贯. 上海：上海外语教育出版社.

> **问题和练习**

1. 在以下的微型对话中信息焦点发生了什么变化？
   (1) A: What's happened today?
      B: Daddy washed the car.
   (2) A: What's happened to the car?
      B: Daddy WASHED (the car) (it).
   (3) A: Who's washed the car?
      B: DADDY (washed the car),
      (washed it), (did it), (did).
2. 试朗读以下内容，并将大写字母表示的音高突出出来。这一突出音高是如何影响/实现意义的？
   (1) Only a generation ago, Mauritania's capital city was many days' walk from the Sahara. Today it is IN the Sahara.
   (2) …and if the AIR is not always very fragrant in the human vicinity, the AUTOMOBILE FUMES are gone.
   (3) The rate of building comes as something of a surprise to anyone who has been inured to the idea that ENGLAND has a problem of urban expansion unparalleled anywhere else in the world.
   (4) Yet, in all this fever of activity to extend the areas, one predicament so relevant to so many western cities just does not exist at all. This is the competition and conflict with AGRICULTURE land.
3. 你能指出下面这首诗中的衔接资源吗？
   Little Boy Blue, come blow your horn!
   The Sheep's in the meadow, the cow's in the corn.
   Where is the boy that looks after the sheep?
   He's under the haycock, fast asleep.
   A: Will you go wake him?　B: No, not I!
   For if I do, he'll be sure to cry.
4. 你能指出下面一段文字中的衔接手段吗（包括重复、同义和搭配等）？
   This is a valley of **ashes**—a fantastic farm where **ashes** grow like wheat into ridges and hills and **grotesque** gardens; where **ashes** take the form of houses and chimneys and rising **smoke** and, finally, with a transcendent effort, of **ash-grey** men, who move **dimly** and already crumbling through the **powdery** air. Occasionally a line of **grey** cars crawls along an invisible track, gives out a **ghastly** creak, and comes to rest, and…the **ash-grey** men swarm up with leaden spades and stir up an impenetrable **cloud**,… (*Great Gatsby*)

第 7 章

语言和意义

> 波隆尼尔：您在读什么，殿下？
>
> 哈姆雷特：字，字，除了字还是字。
>
> 波隆尼尔：什么事，殿下？
>
> 哈姆雷特：谁有事？
>
> 波隆尼尔：我的意思是，您读的书关于何事，殿下。
>
> 哈姆雷特：诽谤，先生。这专爱讽刺的无赖在此说老年人有灰胡子，脸上有皱纹，两眼无神，像蒙着厚厚的一层糊，头脑愚钝了，腿也无力了。先生，这些我完全相信，但是我认为这样写不对，因为，先生，您的年纪也会变得和我的一样，如果您能像螃蟹般倒行的话。
>
> ——威廉·莎士比亚《哈姆雷特》

7.1 引言

我们都很熟悉"意义"这一词,但"什么是意义?"这个问题却没有多少人想过。在词典里我们可以查到这个词的各种意义,在生活中我们经常听到人们使用这个词来表达不同的含义。有价值、有目的的生活可以称之为"有意义"的生活,绝望的人常常会发出"生活毫无意义"的悲叹,而社会学家在另一场合却会发表这样的评论:"这能使老年人的生活具有崭新的意义。"讲故事的人在讲述一个扣人心弦的情节时可能会说:"时间似乎失去了它所有的意义",意思是说当时没有人注意到时间的流逝。如果"意义"这一词是这样广义地来界定的话,那么,意义的研究将远远超出语言学的范围,它将包括人们大脑中任何有意义的事物,这很大一部分应该是哲学和逻辑学的内容。如果我们把意义研究的范围缩小一下,缩小到人们在日常正常的交际中表达的内容,情况会怎样呢?回答是,即使如此,也还有许多要考虑的问题。因为语言虽说是最重要的交际工具,却不是在人类交际中唯一能表达意义的东西。音质、节奏、说话人的姿势、手势都能表达意义。连咳嗽、叹气、咂舌头等声音也能表达意义,更不用说那些各种各样的形体语言和不同的语境了。

在我们问"supermarket 这个词的意义是什么?"之类的问题的时候,我们使用的正是"意义"的最狭义的用法——语言本身所表达的语义,即词义、句义或整个语篇所表达的语义。语言学的分支**语义学**就是研究词、短语和句子所表达的意义。

7.2 词义

音素是具有意义区别功能的语音,因为它们能区别不同语音串在意义上的不同。但是音素本身并不能表达语义,要表达语义,它们必须联结成更大的、在意义上可以区别的单位。这样的单位或语音串通常就是我们所说的"词"。

那么,在下列句子中各有几个词呢?

例 7-1

  (1) I'll get up earlier tomorrow.

  (2) The old man has kicked the bucket.

(3) John's wife went to the butcher's.

图 7-1

我们通常依赖一个简便的法则来回答这样的问题，这就是，在正常的话语中相邻的两词之间往往有一个短促的停顿，而在书面语中这些停顿则由空格来代替。问题是，I'll，John's 和 butcher's 这样的单位是一个词吗？似乎不是。所以我们必须求助于另一条法则：词是一个最基本的具有意义的语言单位。这样，I'll、John's 和 butcher's 就可以分别看成是两个语言单位的联合体，即：I + -'ll, John + -'s 和 butcher + -'s。

但我们也不能完全依赖"最基本的具有意义的语言单位"这一概念。有许多基本的语义单位是由一个以上的词组成的，如上面例句中的 get up、old man 和 has kicked the bucket。但是我们在研究**词义**的时候一般不考虑这些由缩略形式"-'s"、短语动词和成语引起的问题。

词和它们的词义可以在词典里查到。每一位使用语言的人的大脑就像是一本词典，从某种意义上来说我们都是会走路的大大小小的词典。每当我们听见或看见一个我们认识的词，一些特定的概念或意象就会出现在我们的脑海里。当我们听到 hospital 或 dog 的时候脑海里出现了什么？在从来没有过生病住院经历的人的大脑中，医院的意象可能是一个医生和护士给病人看病的地方，既干净又安静；但一个有过长期住院的痛苦经历的人却可能会有一种完全不同的反应而想起完全不同的场景。同样，dog 一词可能会在人们心中引起诸如"忠实"和"勤劳"之类的联想，但是由于在汉语文化里"狗"一词往往有"叛徒"或"凶悍"等含义，它也可能引起听话人的敌意。这类来自语言使用者的个人经历的情感或评价方面的意义称为**内涵**。内涵意义也可能来自该词通常出现的上下文语境，所以 star 一词往往与"引人注目"或"明亮"等意义联系在一起，而 pig 一词则与"肮脏"的含义相连，rock 与"坚硬"和"沉重"等意义相关。不同文化的各个语言使用者可能会对同一个词产生不同的联想意义。尽管如此，我们在研究词义的时候主要关心的还是词的字面意义，它是每一个语言使用者都一致认可的、一目了然的词义。这就是词的本义或**外延**。我们在研究词义的时候一般不涉及任何内涵意义。

人们用语言来谈论周围世界的事物，词所指称的事物就是它们的**指称物**。不过词与指称物之间的关系并非就这么简单。首先，并不见得所有的词都指称某一事物，因为诸如介词和关系代词之类的**功能词**是否也指称物质世界的事物就很值得商榷。再说，即使我们认为名词、形容词和动词之类的**实义词**都在真实世界里指称事物，我们仍将发现词与它们的指称物之间的关系并不是那么直接明确的。它们之间的那种只能说是间接的关系可参见著名的**语义三角**：

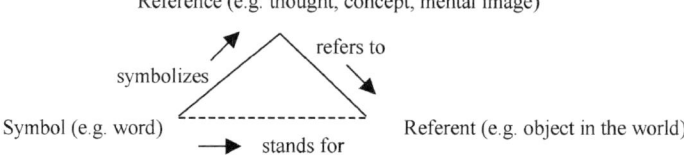

图 7-2

上面的语义三角由三个成分构成：作为符号的词，作为指称物的真实世界事物以及作为**指称意义**的思想或概念或大脑中的意象。用符号代表的词并非就是真实世界的事物，而是说话者大脑中的概念或意象，这些概念或意象有些是在说话时出现在大脑中的，有些是依靠记忆得来的。虽然这一理论是否就是人类的真实心理语言过程仍然是一个大家争论不休的问题，但至少语义三角使我们注意到了以下两点。首先，语义三角的右侧并不属于语言学的范畴，应该不是作为语言学分支的语义学的研究内容；其次，语义三角下部的虚线是表示在词和指称物之间并没有一一对应的直接关系。

7.3 词义与词义之间有什么关系？

认识一个词就是认识它的发音、拼写和词义。同一个语音形式或同一个拼写形式可能会有不同意义，这种情况称为"同音同形异义"或"一词多义"现象。同音同形异义是指词义不同的词有相同的形式，而一词多义则是指一个词有一个以上的词义。它们经常引起歧义，也往往是幽默的好材料。

Here the Red Queen began again. "Can you answer useful questions?" she said. "How is bread made?"

"I know THAT!" Alice cried eagerly. "You take some flour—"

"Where do you pick the flower?" the White Queen asked. "In a garden, or in the hedges?"

"Well, it isn't PICKED at all," Alice explained, "it's GROUND—"

"How many acres of ground?" said the White Queen. "You mustn't leave out so many things."

"Fan her head!" the Red Queen anxiously interrupted. "She'll be feverish after so much thinking." So they set to work and fanned her with bunches of leaves, till she had to beg them to leave off, it blew her hair about so.

——刘易斯·卡罗尔《艾丽斯镜中奇遇记》

引文中的幽默之处在于那两对同音或同形异义词 flower（花）/flour（面粉）和 ground（地面）/ground（磨）。flower 和 flour 是一对**同音异义词**，它们虽然拼法不同但发音相同。下面是一些同音异义词的例子：

例 7-2

(1) feet（脚）/ fete（庆祝）
(2) lesson（课）/ lessen（减少）
(3) meat（肉）/ meet（会见）
(4) site（地点）/ sight（视力）
(5) metal（金属）/ mettle（气质）
(6) feat（壮举）/ fate（命运）

引文中的一对 ground 之一是动词 grind 的过去分词，因为这两个 ground 的拼写和读音都相同，所以它们不但是同音异义词，还是同形异义词。同形异义词的例子也很多，如：

例 7-3

 （1）sow /səʊ/（播种）
   sow /saʊ/（母猪）
 （2）bow /bəʊ/（弓）
   bow /baʊ/（鞠躬）
 （3）lead /liːd/（领路）
   lead /led/（铅）
 （4）minute /minit/（分钟）
   minute /maiˈnjuːt/（细微）

一词多义是指一个词具有多种含义的情况。例如，grow 一词就有许多不同含义的用法：

例 7-4

 （1）It began to grow dark.（逐渐变得）
 （2）I got to grow more carrots.（种植）
 （3）The rain made the grass grow quickly.（自然生长）
 （4）He felt the power in him grow.（增长）
 （5）He is growing a beard.（留；蓄）

这些含义往往是一个词义的隐喻化的意义变体。例如 neck 一词的基本词义是"头和躯干相连接的部分"，但它还有许多的喻义：

例 7-5

 （1）The neck of the sweater is too small.（上衣的颈部）
 （2）Hold the bottle by the neck.（物体的细长部）
 （3）The cottage was on the neck of the little peninsula.（土地的狭长部）
 （4）The black horse won by a neck.（赛马中的距离单位）
 （5）The lovers were necking on the platform.（搂着脖子接吻）

同音同形异义现象和一词多义现象都是说一个词有多种意义，那我们如何区分这两者呢？

在标准词典里，同音同形异义的词的不同意义都被分别列为独立的词条，而一词多义的词只是一个包含许多含义的单一词条。词典学家们在作这样的决定时往往依赖以下两条标准：一是要看表达意义的相同形式是否在语言发展的历史上是同源的；二是要看这些相同形式表达的不同意义之间有无密切关联。遗憾的是这两条标准都不那么可靠。因为很多情况下词源相同的词在现代语言中的意义已经完全不同了，例如 pupil（学生）和 pupil（瞳孔），sole（鳎鱼）和 sole（鞋底），这两对词在英语历史上曾经相关，而现在没有一个英语使用者会认为它们在意义上有密切关联。并且，"意义上有无密切关联"是一个程度多少的问题，除了少数极端的情况，我们往往很难在什么是有密切关联和什么是无密切关联之间划一条明确的界线。

在回答问题 How big is the ship 的时候，如果船并不是很大，我们可以说 It's small，如果船非常小，我们也可以把 small 换成 tiny。还有许多词可供我们选择来描述船的大小，从 colossal、huge、large 和 sizable 一直到 petty 或者 wee。由此我们可以认为，词义经常可以通过该词与同一语言中的其他词在意义上的关系看出来。例如，cow 与诸如 animal、ox、cattle、calf、bovine 和 bull 等词在意义上的关系可以基本揭示它的词义，因为 cow 是 animal 所辖的子类，也是与 bull、ox 和 calf 在不同方面意义相反的类，它还与 cattle 和 bovine 有某些同样的意义上的特征。它们之间的这种"**意义关系**"在语义学中有明确详尽的定义，我们比较熟悉的有"**同义关系**"、"**反义关系**"和"**上下义关系**"。

在讨论同义关系时，我们知道，并没有完全或绝对的同义词。我们所想到的是大概意思相同的一对同义词，这对同义词在意义上不是完全相同，而是意思相近。因此，同义词应该被定义为意思相似或相近，而不是意思相等的词。事实上也很少有在各方面意义上绝对相等的、可以在任何语境中互换的同义词。理由很简单，一种语言没有必要同时存在两个词义绝对相等的词，其中之一要么在词义上有所改变而偏离原义，要么被完全废弃而由留下的另一个来表达该词义。例如，在中古英语时期当法语词 mouton 进入英语的时候，它与 sheep 是意义绝对相等的词，但在现代英语词汇中它变成了 mutton，仅指作为食物的羊肉。

在英语中存在着众多**同义词**的主要原因是在英语发展的历史上，它从其他语言，尤其是拉丁语和法语，吸纳了许许多多的**外来语**。据说将近一半的英语词汇的词源不是拉丁语就是法语，这样在英语中许多同义词实际上是源自不同语言的词。例如，以下的一些词的同义词来自拉丁语或法语：

例 7-6

(1) help / aid（法语）
(2) kingdom / realm（法语）
(3) begin / commence（法语）
(4) teach / instruct（拉丁语）
(5) climb / ascend（拉丁语）
(6) burn / incinerate（拉丁语）
(7) last / final（拉丁语）

英语中甚至有许多三词一组的同义词，分别代表古英语、法语和拉丁语这三种词源：

表 7-1

古英语	法语	拉丁语
kingly	*royal*	*regal*
ask	*question*	*interrogation*
fire	*flame*	*conflagration*
odd	*strange*	*peculiar*
think	*ponder*	*consider*
anger	*annoy*	*irritate*

一般来说，源自古英语的词是中性的或非正式的，源自法语的词要相对正式一些，而源自拉丁语的词仅在一些特定的语境或文体中使用。

也有一些同义词源自英语的不同的民族变体，如美式英语和英式英语：

表 7-2

美式英语	英式英语
fall	*autumn*
elevator	*lift*
sidewalk	*pavement*
railroad	*railway*

反义关系指意义的对立。虽然同义关系并非指完全的同义，但反义关系却是有规则可循的自然语言现象，可以明确地分为几种类型。

"可分级反义词"都是形容词，下面是这类反义词的几个典型的例子：

例 7-7

(1) large / small

(2) long / short

(3) fast / slow

(4) strong / weak

(5) heavy / light

(6) hard / soft

(7) difficult / easy

(8) hot / cold

可分级反义词的词义并不是一个绝对的性质而是一个相对的不同程度上的性质，可分级反义词体现了对立意义的层次性，两极中可以插入表示中间程度的词。例如在 hot 和 cold 之间有 warm、lukewarm、cool 和 chilly。一对可分级反义词中通常有一个是用于疑问句的，问的是该可分级性质的程度。我们说 How high is it 或者 How old is she 而不说 How low is it 或者 How young is she。因为 low 和 young 的隐含意义是所问的东西确实很低，所问的女子确实年纪很小。

另一类反义词也是形容词，但一对这样的反义词中间没有表示中间程度的词，如：

例 7-8

(1) dead / alive

(2) true / false

(3) open / shut

(4) male / female

一般来说，如果某人没死，他就一定活着；如果一个人不是男的，她就是个女的；如果某事不是真的，它就是假的；如果一扇门不是开着的，它就是关着的。这样的反义词叫**互补反义词**，因为对其中之一的否定意味着对另一个的肯定，它们之间在意义上的对立比可分级反义词要明确得多。尽管如此，在一定的语境中，说话者有时也把它们当作可分级的反义词来用，例如，可以说一个人是 more dead than alive，也可以说一扇门是 almost shut 或者 not quite open。

还有一些反义词如 above/below、before/after、precede/follow、buy/sell、lend/borrow、husband/wife 和 parent/child 等称为**关系对立**

反义词。它们处于相互关系的对立面，每对关系对立反义词中的任何一个都从自身的角度来表示同样的相互关系。例如，如果约翰卖（sell）一辆车给佛莱德，就是说佛莱德从约翰那里买了（buy）一辆车；如果比尔是凯特的丈夫（husband），凯特就是比尔的妻子（wife）；如果电灯在写字台的上方（above），写字台就在电灯的下方（below）。关系对立反义词可以是动词、名词或表示空间位置的介词。

我们把诸如 advance/retreat、enter/leave、rise/fall、pack/unpack、ascend/descend、appear/disappear、tie/untie 和 dress/undress 等这样的反义词称为**可逆性反义词**。它们都是一些用来表示可逆转过程的动词。一对可逆性反义词的其中一个表示的过程与另一个所表示的过程正好相反，它表示的是恢复原状的过程。例如，如果某人前进（advance）了两步，他可以用退后（retreat）两步的方式回到原来的位置；如果我们把东西从手提箱里取出来（unpack），就能把东西再装进去（pack）。这种可逆性往往是用否定前缀 un- 或者 dis- 来表示的。

词义的"上下义关系"涉及"意义包含"的概念。一个**下义词**和它的**同级下义词**的意义是包含在它们的**上义词**的意义之中的。例如，在 flower 和表示一种花的词之间就有上下义关系，在 tree 和表示一种树的词之间也有上下义关系。如果一样东西是一朵玫瑰，那它必然是一朵花；如果一样东西是一棵松树，那它必然是一棵树。carnation、jasmine、tulip、daffodil 和 rose 是同级下义词，支配它们的"上级"词是上义词 flower。同样，birch、poplar、oak、pine 和 willow 都是上义词 tree 的下义词。在有上下义关系的词之间存在着一种在不同层次上的意义包含层级关系。下面的树形图就反映了这种层级关系：

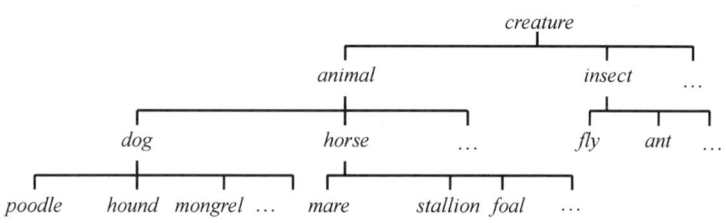

图 7-3

根据上图我们可以说 poodle 是 dog 的下义词，dog 是 poodle 的上义词，同时 dog 又是 animal 的下义词，而 animal 又是 creature 的下义词。

7.4 我们怎样分析词义的构成？

以下各组词的词义有什么共同的语义特征？
（1）concept music idea imagination information intelligence
（2）table desk chair cabinet closet stool cupboard sofa
（3）girl tigress hen actress maiden doe mare ewe widow
（4）hit kiss touch caress fondle embrace feel
（5）scream shriek shout growl whisper mumble

我们借助词典可以发现第一组都是抽象名词。如果我们用"＋"来标示一个语义特征的存在，用"－"来标示该语义特征不存在，那么第一组所有的词都具有的语义特征就可用［＋abstract］或者［－concrete］来标示。第二组的词都表示某种家具，它们所具有的语义特征就可以用［＋concrete］和［＋furniture］来标示。第三组词的词义都包含"动物"和"雌性"的意义，因此可以标示为［＋animate］和［＋female］或者［－male］。同样，第四组词的共同语义特征可以用［＋action］和［＋body，－contact］来标示，而第五组词的共同语义特征则用［＋action］和［＋noise，－making］来标示。像这样把词义分解成成分来标示的方法叫**语义成分分析**，意思是我们也可以用类似音系学中描述音素的方式来描述词义，也就是说整体的词义可以通过该词义的各个构成成分特征来描述。一个音素被看作是由一系列的区别特征构成，词义也可以看作是由一系列的**语义特征**构成。例如，名词 concept、table 和 girl 的词义可以用以下方式分析：

例 7-9

（1）concept　［－concrete］,［＋notion］…
（2）table　　［＋concrete］,［－animate］,［＋furniture］…
（3）girl　　　［＋concrete］,［＋animate］,［＋human］,
　　　　　　［－male］,［－adult］

因为"人"（human）都是"具体"（concrete）和"有生"（animate）的，girl 的词义就可以省略为 girl［＋human］,［－male］,［－adult］。

同样的道理，普遍的以及相同的语义特征常常在分析时被省略掉，一般我们不用这样分析：

例 7-10a

(1) son　　　　[+ concrete]，[+ animate]，[+ human]，
　　　　　　　　[+ male]，[− adult]，[+ descend]，
　　　　　　　　[+ lineal]

(2) daughter　[+ concrete]，[+ animate]，[+ human]，
　　　　　　　　[− male]，[− adult]，[+ descend]，
　　　　　　　　[+ lineal]

(3) screw　　　[+ concrete]，[− animate]，[+ metal]，
　　　　　　　　[+ small]，[+ pointed]，[+ threaded]

(4) nail　　　　[+ concrete]，[− animate]，[+ metal]，
　　　　　　　　[+ small]，[+ pointed]，[− threaded]

而只要这样分析就行了：

例 7-10b

(1) son　　　　[+ male]，[+ descend]，[+ lineal]
(2) daughter　[− male]，[+ descend]，[+ lineal]
(3) screw　　　[+ pointed]，[+ threaded]
(4) nail　　　　[+ pointed]，[− threaded]

语义成分分析深化了我们对词与词之间的语义关系的理解，一对同义词就有相同的主要语义特征，而一对反义词除了一个主要语义特征不同之外其余的语义特征都相同。在上下义关系中，所有的下义词都具有上义词的所有语义特征。请看下列语义特征矩阵：

例 7-11

(1) person　　　[+ human]
(2) man　　　　[+ human]，[+ male]，[+ adult]
(3) gentleman　[+ human]，[+ male]，[+ adult]
(4) lady　　　　[+ human]，[− male]，[+ adult]
(5) woman　　　[+ human]，[− male]，[+ adult]
(6) child　　　　[+ human]，[− adult]
(7) boy　　　　　[+ human]，[+ male]，[− adult]

因为 man、gentleman、lady、woman、child 和 boy 都具有语义特征 [+ human]，它们都是 person 的下义词。因为 boy 的词义包含了 child 的所有语义特征，child 就是 boy 的上义词。由于 man 和

gentleman 以及 woman 和 lady 这两对词的语义特征相同，它们就是两对同义词（这里我们并没有区别它们之间的次要语义层面上的差别，如文体上的差别［＋／－formal］）。另一方面，这两对词都有相同的语义特征［＋human］和［＋adult］，只是在一个语义层面不同：man 和 gentleman 是［＋male］而 woman 和 lady 则是［－male］，因此它们是在这个语义层面上的反义词。

7.5 句义

下面例句的句义是什么？

例 7-12

My son saw that gasoline can explode.

不难看出，这个句子是有歧义的，因为它的意思可以是"My son understood that gasoline may explode"，也可以是"My son saw with his own eyes that particular gasoline can explode"。

引起歧义的原因之一是句中有几个词有一个以上的词义。例如，see 就是一词多义，它既可表示"明白"也可表示"看到"；连词 that 和限定词 that 是同音同形异义；情态助动词 can 和名词 can 也是一对同音同形异义词。另一个产生歧义的原因是该句的两种可能释义有两种不同的句子语法结构，用树形图表示如下：

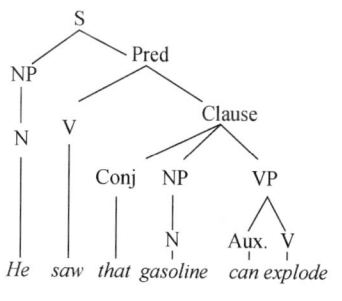

图 7-4

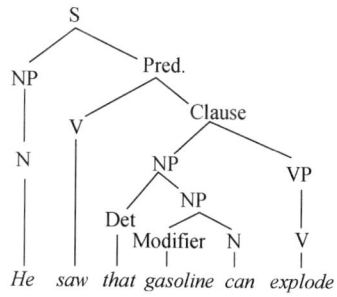

图 7-5

句义由词义、词形和词序共同表达。词义表达的**句义**部分称为句子的**词汇意义**，词形、词序和句子结构表达的句义部分称为句子的**语法意义**。显然，词汇意义对句子的理解有至关重要的作用。例如下面两句在意义上的区别完全在于 hate 和 love 的词义不同：

例 7-13

(1) John hated Mary.

(2) John loved Mary.

但语法意义对句子的理解也同样重要。名词的单数复数形式，动词的过去时形式和分词形式等都表达了语法意义，除此之外，语法意义还来自句子的语法结构或词序。例如，以下两句的用词完全相同，但句义却大相径庭，仅仅是因为词序不同：

例 7-14

(1) John hit Mary.

(2) Mary hit John.

图 7-6

重音和语调等语音特征也能表示部分句义。例如，下面的句子用升调说出来就是一个疑问句，即使它在语法结构上并没有主语与助动词的倒置：

例 7-15

You were here last night?

尽管如此，词义对于句义来说还是最重要的，两者不能完全割裂开来。我们要确切地知道一个句子的句义就必须知道句中每一个词的词义。从另一方面来说，词义往往间接或直接地来自它所在句子的句义，一个词只有出现在句子中它的词义才能根据句义得到最好的解释。

由于词义对于句义至关重要，我们就不难理解词与词之间的某些语义关系会影响句子之间的语义关系。请看下列几组例句：

例 7-16

(1) a. Pollution is our common foe.

   b. Pollution is our common enemy.

(2) a. The victim was dead.

   b. The victim was alive.

(3) a. He was growing jasmines.

　　b. He was growing flowers.

在以上的几组例句中，两个特定的词之间的语义关系分别决定了两个句子之间的语义关系。第一组句子之间的语义关系称作**等同**，因为 foe 和 enemy 是同义词；反义词 dead 和 alive 决定了第二组句子之间的语义关系称作**相互矛盾**；在第三组句子中，jasmine 是 flower 的下义词，这就是为什么（3）b 的句义包含了（3）a 的句义，它们之间的关系称为**蕴涵**，意思是（3）a 的句义蕴涵（3）b 的句义。和上下义关系一样，蕴涵关系也是指一种语义包含关系，只不过它指的是句与句之间的关系而不是词与词之间的关系。当然，还存在一些其他的情况，诸如等同、相互矛盾和蕴涵之类的句与句之间的语义关系并非完全取决于词与词之间的语义关系。例如，下面两组句子是等同关系：

例 7-17

（1）John lent a book to Fred.

　　　Fred borrowed a book from John.

（2）John posted a letter to Fred.

　　　A letter was posted to Fred by John.

又如，下面两组句子是句义互相矛盾的关系：

例 7-18

（1）John is Lucy's husband.

　　　John is still single.

（2）Everyone is sick.

　　　John is not sick.

再如，下面两组句子中 a 蕴涵 b：

例 7-19

（1）a. John managed to finish the work.

　　　b. John finished the work.

（2）a. Bill drowned the dog in the river.

　　　b. Someone did something to the dog.

7.6　语境和会话含义

实际上，如果不考虑在交际中使用句子的**语境**和上下文，我们就很难全面完整地分析句义。让我们来假设这么一个情况,学生宿舍的电视室内有人说:"He is bluffing。"如果听到这句话的学生一直在看电视,不过她的英语不是很好,她可能会问:"What does 'bluffing' mean?"听话者不明白说话者所说的句子是因为她不知道 bluff 这个单词的意思。因为她知道电视剧的剧情进展,所以她的问题是一个和她的语言知识有关的语义学问题,和说话者发表上述评论的语境无关。但是另一个听到说话者的评论的学生刚刚走进电视室,他的母语就是英语,这个听话者可能会问:"Who is bluffing?"或者再加上一句:"What do you mean by that?"

第一位听话者尽管她的语言能力有限,却不会问"Who is bluffing?"之类的问题,因为她一直在和说话者一起看电视,自然知道说话者指的是电视剧中的侦探;如果她查了词典,知道了 bluff 的意思是"虚张声势",她也不会问"What do you mean by that?"而会推导出这样的结论:说话者是在对剧情作一预测,因为目前为止剧情尚未揭示剧中的侦探是否已经拿到了证据。

第二个听话者的交际问题不是一个语义学问题而是一个"语用学"问题。**语用学**研究的是说话者在某一语境中的意向性意义,它的研究对象是语言和语境之间的关系,而这一关系是描述语言理解过程的基础。我们在上文中提到过,语义学研究的是脱离了语境的词义和句义,是光靠语言知识本身就能得到的意义。与此相反,语用学研究的是说话者想要表达的,只有依靠语境知识才能推导出来的意义。

上面说的那个第二个听话者并不具有必要的语境知识,不能确定说话者所说的话和说话时的语境之间的关系,因为他没有看到电视剧的前半部分。虽然对他来说理解说话者所说的话的字面意义不存在任何困难,他却不知道说话者所说的"他"指的是电视剧中的什么人,因为 he 是一个**指称词**。像 you、me、this、that、here、there、now 和 then 这样的指称词在语义上并不固定指称外部世界的一个实体或一个时间或空间的点。它们只是指称说话者在一个特定的语境中想要指称的实体或时空点。再者,第二个听话者并不知道说话者为什么要这么说,也不知道说话者这么说的意图,因为"He is bluffing。"可能是一个已知剧情的评论:"他就是在虚张声势,因为我们知道他还没有足够的证据",也可能是一个对剧情的推测:"我们还不知道他是否已经掌握了确凿的证据,不过我猜想他是在虚张声势",甚至还可能是用反语讥讽:"这一点也没有虚张声势的效果,因为想要吓唬那些知道你手里没有证据的人实在是太幼稚了"。

从上面的例子我们可以看到语用学主要关注的是说话者想用他所说的话来表达什么意思,而不仅仅是他所说的话中的词义或者句义本身。显而易见的还有,说话者想要表达的意义只有通过**推理**才能得到正确的解释,这种语用推理是指听话者为了得到说话者想要表达的隐含意义而试图解决问题的过程,推理的根据是包括谈话对象、谈话内容和与谈话有关的情况等语境因素。如果听话者没有相关的语言知识,他就不得不问"What does X mean?"但是,如果听话者缺少的是语境知识,他就很可能问诸如 Who…?, When…?, Where…?, What…? 和 How…? 之类的问题;如果他还是无法通过推理得出说话者想要表达的意义,他很可能会干脆直接问"What do you mean by X?"

在自然的日常对话中,很多意义都是间接表达的,我们在交际中表达的意义比用语言本身直接表达的意义要多得多。说话者避免直截了当的言辞并试图委婉一些的原因是显而易见的:在自然对话中间接的言辞一般和更高的礼貌程度相联系。再说,在自然对话中说话者和听话者总是有许多共有的语境知识,说话者依靠共有语境知识暗示他真正的意向,而听话者则依靠共有语境知识通过推理得出说话者想要表达的意思。双方的共有知识、对目前情况的相同假定以及谈话发生时的语境是说话者的隐含意义与听话者的推理意义之间的桥梁。

举例来说,如果有人在大街上发问:"Do you know the way to the Summer Palace?"听话者如果仅仅是回答"Yes"或者"No"是不合适的,因为说话者并不仅仅是在问你知道不知道,他实际上是请你告诉他去那个地方怎么走。如果在一辆拥挤的公共汽车上有人说"You are standing on my foot",他并不是在发表关于你的脚的位置的谈话,而是在要求你把脚从他的脚背上移开。同样,如果有人说"It's cold in here",他可能是在要求听话者关窗,或是打开空调器,或是去取他的大衣,或是在抱怨停止工作的供暖系统,要求立即派人把它修好,甚至可能仅仅是发表一下对气温的看法。这一切都取决于说话时的**情景语境**。

听话者经常发现说话者所说的话有一点不寻常或是有点与话题无关,或者说话者所说的话是一个态度不合作的回答,这都会触发听话者的大脑中的推理过程，目的是得到**会话含义**——说话者在上述情况下所暗示的意义。也就是说，听话者将试图通过基于共同语境知识的推理找出在该语境中说话者所说的话的最合适的解释。试看以下的对话：

例 7-20

(1) A：He sells those junks to children.

B：If he does it, he does it.

(2) A：I hope you have brought the bread and the cheese.

B：Ah, I've brought the bread.

(3) A：Who's that person with Bob?

B：A girl.

在对话（1）中，A 会觉得 B 的看法有点不寻常，在字面上并没有提供任何信息。他很自然地把 B 的话理解为：B 认为这不关他们的事。在对话（2）中，A 用间接的方式问 B 是否买了这两样东西。而 B 只提面包，所以 A 就会推理得出 B 的意思是他没有买奶酪。在对话（3）中，因为 A 和 B 都正看着 Bob 的女伴，B 所说的话等于没说，所以 A 自然会推理得出 B 不愿意告诉他那个女孩是谁。再看以下的对话：

例 7-21

(1) A：What do you think of Johnny's teacher?

B：She's fine. When I was in high school, all my teachers were college graduates.

(2) A：Teheran is in Turkey, isn't it, teacher?

B：And London is in France, I suppose.

(3) A：Do vegetarians eat hamburgers?

B：Do chickens have lips?

在对话（1）中 A 想知道 B 对 Johnny 的老师的看法，但是 B 很含糊地回答了一下然后就开始说一些好像是和 A 的问题无关的话——关于他自己的中学老师的情况。A 就会明白 B 实际上是在暗示 Johnny 的老师的资历，意思是她不是大学毕业生。在对话（2）和（3）中，B 所说的话明显是荒谬的。谁都知道伦敦不在法国，鸡也没有嘴唇。所以 A 知道 B 实际上是在说 "No. It is absurdly incorrect."

再看一些对话例子：

例 7-22

(1) A：May I play marbles, Mummy?
　　B：How's your homework getting along?
(2) A：What's for supper?
　　B：Billy fell downstairs.
(3) A：I am out of typing paper.
　　B：There is a stationer's round the corner.
(4) A：How's Bill's term paper?
　　B：The handwriting is beautiful.

在上面的对话中，B 都回避正面回答问题，而是用提问来作答，或者说一些似乎无关的事；A 通过推理把对话（1）中 B 的话理解为"You can't play before you get your homework done"，对话（2）中 B 的话理解为"Billy couldn't cook and there isn't any supper ready"。在对话（3）中，A 间接地表示他需要一些打字纸，但 B 却回避了正面的回答，故意谈起大街拐角处的文具店。此时 A 就会明白 B 实际的意思是"Sorry. Can't give you any, but you can buy some yourself"。在对话（4）中，B 赞扬了 Bill，但是他提到的并不是 A 要问的——Bill 的考试成绩，所以 A 自然会通过推理认为 B 只是想礼貌地回答他的问题，虽然 B 认为 Bill 的考试成绩糟糕透了。

尽管如此，在某些场合的过于明显的礼貌可能被认为是一种**反语**或讥讽。反语是指用语言来表达不同的意义，尤其是指表达与语言的字面意义相反的意义。如果说话者过于明显地礼貌，而同时他所说的话又明显地不真实，那他就是在用反语讥讽，表达与他所说的话相反的意思。因为反语在表面上与要求礼貌的社交原则并不冲突，说话者往往在他不得不批评别人的时候使用反语，他知道听话者仍旧能通过语用含义的推理听出这是在批评别人。例如：

例 7-23

　　A：Bill has taken your parking place again.
　　B：Well, I like that.

B 可能已经为了这个停车点付了 15 镑而现在他却没有地方停车。如果要直截了当，他会说"This is too much"或者"How could he do so?"但这么说对 Bill 就不太礼貌，所以他就用间接的方式来表达自己的意思，说了一句听起来舒服但却明显不真实的好话，表面上显得非常礼貌。A 知道 B 没有说真话，他会从反面来理解 B 的话。

再看以下例句：
例 7-24
   Mary's always so tactful.

  Mary 刚才对说话者很无礼。如果他要率直地表示自己的看法，他就会说"Mary's always tactless"。不过，正是因为这样是不够礼貌的，说话者就说了假话，听话者知道说话者其实明白自己说的话一听就是假的，他这么做实际上是在暗示与他说的话相反的意思。

7.7 本章小结

  作为语言学的一个分支，语义学研究的是词、短语和句子所表示的语言本身的意义。在词义的研究中，我们关心的是词的外延而不是它可能有的内涵。词用来指称外部世界的事物，但词与它的指称物之间的指称关系并不是直接的。正如语义三角所示，作为符号的词代表的不是外部世界的事物本身，而是说话者在说话时大脑中的意象或从记忆中得来的意象。

  同一个词形表示多种词义有两种情况，一是不同的词义共享一个词形，这种情况称为同音同形异义；二是一词多义，这两种情况往往是句子歧义的原因或幽默的来源。语言是一个系统，一个词的含义可以从它与该语言其他词的关系中得出，有些语义关系在语义学中有明确的描述，它们是同义关系、反义关系和上下义关系。

  把词义分解为它的构成语义成分的方法叫"语义成分分析"，它把一个词的词义看作是一组语义成分。

  句义来自句中单词的词义以及句型和词序的含义，句中所用单词的词义叫词汇意义，连词成句的方式表达的意义叫语法意义。句子之间的语义关系可以描述为"等同"、"相互矛盾"和"蕴涵"。

  语用学研究的是说话者在一特定语境中的意向性意义，是语言和作为语言理解的基础的语境之间的关系。说话者的意向性意义只能通过推理得到正确的解释，这种语用推理是指听话者为了得到说话者想要表达的隐含意义而试图解决问题的过程，推理的根据是包括谈话对象、谈话内容和与谈话有关的情况等语境因素。在很多情况下，听话者经常发现说话者所说的话有一点不寻常或是有点与话题无关，或者说话者所说的话是一个态度不合作的回答，这都会触发听话者的大脑中的推理过程，目的是得到"会话含义"——说话者在上述情况下所暗示的意义。

参考文献

Blakemore, D. 1992. *Understanding Utterances: An Introduction to Pragmatics*. Oxford: Blackwell.
Cruse, D. A. C. 2009. *Lexical Semantics*. Beijing: World Publishing Corporation.
Hofmann, R. 1993. *Realms of Meaning: An Introduction to Semantics*. London & New York: Longman.
Leech, G. 1974. *Semantics*. Penguin Books.
Recanati, Francois. 2004/2006. *Literal meaning*. Cambridge: Cambridge University Press.
Saeed, J. I. 1997. *Semantics*. Oxford: Blackwell.
Thomas, J. 1995. *Meaning in Interaction*. London & New York: Longman.
Yule, G. 1996. *Pragmatics*. Oxford: Oxford University Press.
胡壮麟，姜望琪. 2002. 语言学高级教程. 北京：北京大学出版社.
姜望琪. 2000. 语用学——理论及应用. 北京大学出版社.
李福印. 2007. 语义学概论. 北京：北京大学出版社.
束定芳. 2001. 现代语义学. 上海：上海外语教育出版社.

问题和练习

1. 当下列各词被用来形容人的时候，它们在词义上有什么差别？它们有共同的普遍语义特征吗？

    plump   fat   buxom   corpulent   obese   husky
    stocky   stout   strapping   chubby   well-fed

2. 写出下列各词的反义词，然后按照不同的对立关系分类：

    parent   bad   fat   above   short   north   male   left
    husband   strong   black   buy   married   old   open   rise

3. 用两种不同的方式改写下列各句，改写后的两个句子要能解释它们的歧义：

    a. The long drill was boring.
    b. It takes a good ruler to make a straight line.
    c. The Congressman is a dirty street fighter.
    d. The piglet is too hot to eat.
    e. Old men and women will be served first.
    f. They are moving machines.
    g. John loves Bill more than Emma.

h. They laughed at the colorful ball.

i. He said he would file it on Monday.

4. 句子 It is a tulip 蕴涵句子 It is a flower 吗？句子 He is honest 也同样蕴涵句子 He is virtuous 吗？这两对句子有什么不同？

5. 用下划线指出下列句子中的指称词语：

    a. You can never tell what he wants next.

    b. I met this weird guy ten years ago.

    c. Oh, the man whose office is round the corner always tells me to do this and that.

    d. Now, that's not what I said.

    e. The treasure chest is on the right.

    f. All my classmates left for home yesterday.

6. 仔细阅读下列对话片段，说出说话者想表达的隐含意义：

    a. A：There is a party tonight.

       B：I've got an exam tomorrow.

    b. A：My car needs a new exhaust system.

       B：I'll be busy with mine all day.

    c. A：My milk is gone.

       B：It wasn't me.

    d. A：Dad will be home at any moment.

       B：I haven't done anything wrong.

    e. A：The phone is ringing.

       B：I'm in the bath.

7. 阅读本章开始时摘录的《哈姆雷特》片段。你怎么解释哈姆雷特回答波隆尼尔的话？你能用一些语用原则来解释你的观点吗？

第 8 章 语用学：交际中的意义

> 当一个外交家说"是"，他的意思是"可能"；当他说"可能"，他的意思是"不"；而当他说"不"时，他就不是一位外交家。
>
> ——伏尔泰

8.1 引言

尽管以上说法未必完全正确，然而它却表明，语言是用来交际的复杂的社会工具。众所周知，"是"、"可能"、"不"这几个字词都有确切无误的意思。然而，正如以上语句所示，在不同的情景下，说话者可以用这些词表达不同的意义。

为什么会这样呢？说话者又如何做到言此意彼呢？对此，我们将在**语用学**中予以回答。那么，什么是语用学呢？

为弄清语用学的定义，我们首先应了解**话语意义**和**说话者意义**的区别。请做练习 8-1。

练习 8-1：根据下图，指出话语"Sherlock saw the man using binoculars."的意义。

图 8-1　"谁在用望远镜？"

从图 8-1 可以看出，依据"谁在用望远镜？"，话语"Sherlock saw the man using binoculars."有以下两个意义：

例 8-1

（1）*Using binoculars*, Sherlock saw the man.

（2）Sherlock saw the man *who was using binoculars*.

我们通常把（1）、（2）中的意义称为**语境意义**或**说话者意义**，即在某一个特定的语境中说话者意欲表达的意义。话语意义和说话者意义之间的区别还可以从动词"to mean"的使用作进一步阐释。

例 8-2

(1) What does X (an utterance) *mean*?

(2) What does the speaker *mean* by X?

在语言学中，话语本身的意义，如（1）所示，属于**语义学**研究的意义；而说话者在语境中意欲表达的意义，如（2）所示，属于**语用学**研究的意义。

由此可以看出，语境这个概念对于从语用的角度研究语言意义是至关重要的。语用学中的语境，包括**语言语境**和**情景语境**。前者指的是我们关于所使用语言的知识，后者指的是我们对现实世界的了解。

至此，我们可以将语用学定义为：研究语境和交际中的意义，也即语言使用中的意义。其研究的主要内容有**指示**、**前提**、**会话含义**、**语言礼貌**和**言语行为**。本章将围绕这些内容展开讨论。

8.2 指示

在与他人交谈时，我们通常假设在交际语境中有某些"中心"的存在，比如说：

(1) 中心人物就是当下的说话者；

(2) 中心时间就是说出话语的时间；

(3) 中心地点就是说话者目前所在的位置。

如果不知道这些"中心"或"指向"，我们往往就无法理解一个话语的意义。如例 8-3 所示：

例 8-3

Put *this* one *here* and *that* one *there*.

在这句话中，要理解说话者的意义，我们就要知道诸如"谁在对谁说话"、"放什么东西"、"放在哪里"等语境信息。

同样很有意思的是，当酒吧老板挂上"明天啤酒免费！"的海报（见图 8-2），顾客会问"明日是何时？"，因为这个海报并没有写明它是什么时候挂

图 8-2 "明日是何时？"

上的。

这两个例子告诉我们，话语中的那些"指向"或"中心"对于解释话语的意义是不可或缺的。

8.2.1 什么是指示？

语言学中的**指示**，指的是通过语言来"指向"。用来表达这种"指向"的语言形式，叫做**指示语**。例 8-4 中所列的都是指示语。

由于指示与说话者的语境或**指示中心**密不可分，我们还可以区分出两种最基本的"指向"——**近指指示**（距说话者中心较近）和**远指指示**（距说话者中心较远），如例 8-4 所示：

例 8-4

近指指示语	远指指示语
I	you
now	then
here	there
this	that
come	go
…	…

8.2.2 指示的分类

练习 8-2：下面这句话中有几个指示语？分别是什么？

You'll have to *bring* the book back *tomorrow*, because *they* aren't *here now*.

在这个话语中，我们可以找出下列指示语：*you/they*, *tomorrow/now*, *bring/here*，它们分别指示人、时间和地点。由此我们可以将指示分出三大类。

第一类指示是**人称指示**，主要通过人称代词来表示，反映会话者的角色，即说话者、受话者、被谈论的对象。如下例：

例 8-5

（1）*This* and *this*, are yours. *That*'s mine. *Those* are hers.

（2）*We* need to let *him* know the truth.

需要注意的是，第一人称代词复数 *we* 有**内包**和**外排**之分，前者包括受话者（咱们），后者不包括受话者（你们），如例 8-6 所示。

例 8-6

老师对学生们说：

（1）*We*'ll have a break after the discussion.（内包 we）

（2）Can *we* be quiet?（外排 we）

话语（1）中的 we 具有内包的特点，即包括说话者（老师），相当于汉语中的"咱们"，而（2）中的 we 则是外排的，因而该句可理解为"你们能安静吗?"。

在有些语言中，人称指示语还带有社会地位的标记。最典型的例子就是法语中的 **T/V 区分**，即用 *tu* 来称呼熟悉的、年轻的、社会地位低的人，而用 *vous* 来称呼不熟悉的、年长的、社会地位高的人。在其他语言中，也有同样的区分，如德语的 *du/Sie*、西班牙语的 *tú/Usted*、汉语的 *你/您* 等。语言学家称之为**社会指示语**。

第二类指示是**时间指示**，与说话的时间相关，有过去、现在和将来之分。时间指示通常通过时间副词来表达，如英语中的 now, then, soon, recently, today, yesterday 等，也可以通过时态标记来实现，如英语中动词的时态和汉语中的"了"和"过"等，也可以通过介词或副词短语来表达，如英语中的 next year, three days ago 等，见例 8-7。

例 8-7

（1）The plane arrived *yesterday*.

（2）他来过南京。

（3）He gave me the book *three days ago*.

第三类指示是**方位指示**，又叫**空间指示**，指的是话语中说话者和受话者的相对位置。最典型的例子就是英语中的 here/there。类似例子的还有指示代词短语（如 this city/that room）以及表达方位的行为动词（如 come/go, bring/take）等。

8.3 前提

我们在理解说话者意义的时候，经常需要了解其话语背后的假定。例如，当我说"我想让你戒烟!"时，"我"就假定"你"是烟民。在语言学中，我们把这种假定称为**前提**或**预设**。

8.3.1　什么是前提?

前提研究的是说话者在说出话语时的假设,因而也通常被称作**语用前提**。下面是一些表示前提的例子,其中符号">>"表示"以……前提"。

例 8-8a

(1) Mary's dog is cute.

　　>> Mary has a dog.

(2) Annie regretted telling Susan the news.

　　>> Annie told Susan the news.

需要注意的是,语用前提是以说话者为中心的,是说话者对话语作出的假设。换言之,语用前提指的是说话者的假设,而非话语本身的假设。有意思的是,如果我们把例 8-8a 中的两句话变成其否定形式,之前的假设仍然存在,如例 8-8b 所示:

例 8-8b

(1) Mary's dog *isn't* cute.

　　>> Mary has a dog.

(2) Annie *didn't* regret telling Susan the news.

　　>> Annie told Susan the news.

语言学家把前提的这一特点叫做**否定不变**,即话语被否定后,其前提依然不变。依据这一特点,我们可以用**否定测试**的方法来判断语用前提。

同样,如果我们把例 8-8a 中的两句话变成问句形式,之前的假设仍然存在,如例 8-8c 所示:

例 8-8c

(1) Is Mary's dog cute?

　　>> Mary has a dog.

(2) Did Annie regret telling Susan the news?

　　>> Annie told Susan the news.

8.3.2　前提的分类

在解释说话者的前提意义时,我们需要分析引发前提的不同表达方式和语法结构。这些表达方式和语法结构被称作**前提语**或**触发语**。依据前提与前提语的关系,我们可以将前提分为以下几类,如表 8-1 所示:

表 8-1 前提的分类（参见 Yule, 1996: 27-30）

前提的类型	例示	前提语
存在类	(1) Mary's dog is cute. >> Mary has a dog.	名词所有格等名字词组
实情类	(2) Annie regretted telling Susan the news. >> Annie told Susan the news.	诸如 regret, pretend, dream, imagine, stop 等动词
非实情类	(3) He pretends to be ill. >> He is not ill. (4) I dreamed I was rich >> I was not rich. (5) We imagined we were in Miami. >> We were not in Miami.	
词汇类	(6) He has stopped smoking. >> He used to smoke.	
结构类	(7) When did you come back? >> You come back.	Wh-问句

反实情类	(8) If I weren't ill, I would help you.
	  >> I am ill.
	(9) If I were you, I wouldn't go with her.
	  >> I am not you.
		If-从句

下面结合表 8-1 对几类前提作简要解释。

存在类前提，以现实中存在的人或物为前提，一般以名词所有格等名词短语为前提语。其中，说话者假定话语中所提到的人或物在现实中是存在的，见表中的例（1）。

实情类前提，以事实陈述为前提，即其前提语动词 know, regret 等之后的信息是真实的信息，见表中的例（2）。

非实情类前提，以非事实陈述为前提，即其前提语动词 pretend, dream, imagine 等之后的信息并不属实，见表中的例（3）-（5）。

词汇类前提，其前提语有 stop, start 和 manage 等表示状态变化的动词，如例（6）所示。

结构类前提，一般以 wh-问句、状语从句等为前提语，且其引导的信息被假定是真实的，如例（7）所示。

反实情类前提，通常以表示与事实相反的条件从句（虚拟条件句）为前提语，所假设的信息不仅不真实，而且与事实相反，见例（8）、（9）。

8.4　会话含义

在日常会话中，说话者和受话者理应相互合作，以使对方明白自己的意思。换言之，他们应该"直抒胸臆"，如图 8-3 所要求的那样。然而在现实交际中，人们有时会言此意彼，或表达话语之外更多的意义。这就是本节要讨论的**会话含义**。

图 8-3 "你直抒胸臆吧！"

8.4.1 什么是会话含义？

练习 8-3：在下列对话中，说话人 B 的意图可能是什么？

(1) A：How are you?
　　B：I'm dead.
(2) A：Are you going to Steve's barbecue?
　　B：A barbecue is an outdoor party.
(3) A：We're going to the movies.
　　B：I've got an exam tomorrow.
(4) A：Would you like a cocktail? It's my own invention.
　　B：Well, mmm, uh it's not that we don't not drink.

乍一看，B 对 A 的问题似乎是答非所问。但是，只要因为我们认定会话者应该相互合作，我们也可以推测出 B 可能会表达的真正意图，如下例所示。

例 8-10

话语	说话者可能表达的意义
(1a) I'm dead.	I'm very tired.
(2a) A barbecue is an outdoor party.	I'm not going.
(3a) I've got an exam tomorrow.	I'm not going.
(4a) Well, mmm, uh it's not that we don't not drink.	No, I don't like it.

由此可见，话语意义与说话者可能会表达的意义有时会相去甚远。然而这却反映了日常交际的一种常见现象：说话者往往会通过

其话语表达隐含的或额外的意义,这就是会话含义。

8.4.2 合作原则(CP)和会话含义

说话者为什么能言此意彼呢?受话者又如何能从说话者的话语中获得其隐含或额外的意义呢?这是因为在交际过程中有一些基本的原则和规则在起作用。

根据哲学家格赖斯(H. P. Grice)提出的**合作原则**,交际中的所有说话者都必须遵循一定的会话原则。这一原则包括四条基本**准则**——**数量准则**、**质量准则**、**关联准则**和**方式准则**(见表8-2)。

表8-2 合作原则及其准则(参见 Grice,1975)

合作原则:在参与交谈时,要使你所说的话适合你所参与的交谈的公认目的或方向
数量准则:信息量 (1)所说的话应包含当前交际目的所需要的信息 (2)所说的话不应包含多于需要的信息
质量准则:真实程度 (1)不要说自知不真实的话 (2)不要说缺乏足够证据的话
关联准则:相关性 说话要贴切
方式准则:清晰明了 (1)避免晦涩的词语 (2)避免歧义 (3)说话要简要 (4)说话要有条理

然而,在日常交际中,人们并不总是遵循这些准则。为此,我们可将不遵循合作原则的行为分为**暗中违反**和**公开违反**两类。暗中违反指的是没有明显地违反准则,说话者没有公然地故意地撒谎、提供不足信息、含糊其辞、"顾左右而言他"及故作深奥等。这也许会阻碍交际,但不会产生会话含义,见下例。

例8-11

  Annie: Did you pass the drive test?

  Mike: mmm uh mmm.

在这个例子中,Mike 显然没有明确回答问题,因此他违反了方式准则,但他之所言并没有产生会话含义。这就是暗中违反。

与此相反，如果说话者公然地、故意地无视准则，即故意违反合作准则，其话语就会产生会话含义。例如，在练习 8-3 中，说话人 B 的话故意违反了不同的准则，如例 8-12 所示。

例 8-12

B 说话者的话语	会话含义	故意违反的准则
（1a）I'm dead.	I'm very tired.	质量
（2a）A barbecue is an outdoor party.	I'm not going.	数量
（3a）I've got an exam tomorrow.	I'm not going.	关联
（4a）Well, mmm, uh it's not that we don't not drink.	No, I don't like it.	方式

以下逐一解释。

在（1a）中，B 所说的显然不是实话，因为他／她仍然活着。这违反了质量准则。

在（2a）中，很显然，说烧烤是一种户外活动，既信息量过多（因为每个人都清楚，烧烤是一种户外活动），又信息量不足（因为没有直接回答问题），因此 B 违反了数量准则。

在（3a）中，B 的话显然与去看电影这件事毫不相干，因此违反了关联原则。

在（4a）中，B 闪烁其词，没有明确回答自己喝不喝鸡尾酒，因此违反了方式准则。

8.5 语言礼貌

在言语交际中，我们非常注重"说话礼貌"。例如，在英语中我们经常使用 please，thank you 或 sorry 等礼貌用语来表达对他人的尊敬或礼貌。然而，语言学中的"说话礼貌"，并非仅指使用这些礼貌用语，而是把**语言礼貌**当作一种社会规约，要求交际者考虑他人的感受、照顾他人的面子。

8.5.1 礼貌原则（PP）

礼貌原则是由著名语言学家利奇（G. Leech）提出的。他以此来解释一些礼貌的规则是如何在人际交往中发挥作用的。与合作原则一样，礼貌原则也包括一系列具体的准则（见表8-3）。

表8-3 礼貌原则及其准则（参见 Leech, 1983）

礼貌原则：尽量减少不礼貌的表达，尽量增加礼貌的表达。
策略准则
（1）使他人受损最小
（2）使他人受惠最大
宽宏准则
（1）使自己受惠最小
（2）使自身受损最大
赞扬准则
（1）尽量减小对他人的贬损
（2）尽量夸大对他人的赞扬
谦虚准则
（1）尽量少指责他人
（2）尽量多褒奖他人
一致准则
（1）尽量不与他人意见相左
（2）尽量和他人意见一致
同情准则
（1）尽量减少与他人之间反感
（2）尽量增加与他人之间的同情

在日常交际中，说话者应遵循一个或多个礼貌准则。我们可以用下面两个例子（例8-13，8-14）来阐释礼貌准则在交际中的作用。

例 8-13

　　主人对客人说：

　　（1）Set the table!

　　（2）Can you set the table?

　　（3）Could I possibly ask you to set the table?

　　　　（Peccei, 1999：61）

此例中，"请摆桌子"这一请求是通过不同的话语表达的，（1）是祈使句，（2）和（3）都是疑问句。虽然话语各不相同，但都表示"请求"这一话语行为。

其中，被视为最不礼貌的是祈使句"Set the table!"，最礼貌的是疑问句"Could I possibly ask you to set the table?"。由此可见，话语越间接，请求就越礼貌；而且，请求越礼貌，受话者就越可能执行被请求的行为。

这个例子告诉我们，如果说话者对他人有所请求，他/她就得遵循礼貌原则中的**策略准则**和**宽宏准则**，使受话者较少受损，并使受话者就更有可能实施被请求的行为。

在下列对话中，对同一个问题有三种回答。从中，我们可以发现另一种礼貌准则。

例 8-14

  Jean：What did the students say about my teaching?
   Linda：(a) Let's hope none of them are lawyers.
     (b) Some of the students were very positive.
     (c) Pretty bad.
      （Peccei, 1999：62）

对话中，话语（a）和（b）都暗示大多数的学生不喜欢 Jean 的课，但 Linda 没有直话直说，因而比（c）显得更有礼貌。相比而言，（b）也比（a）更有礼貌，因为其中 Linda 最大限度地赞扬了 Jean。

这个例子说明，交际中我们应遵循礼貌原则中的**赞扬准则**，即说他人"好"比说其"不好"更有礼貌；如果不得已需说其"不好"时，间接地说似乎更有礼貌。

8.5.2 面子

"说话礼貌"其实就是照顾他人的面子。而所谓的面子，就是人们的"公众形象"，如"丢面子"、"保面子"等。根据布朗和列文森（Brown & Levinson, 1987）的面子理论，面子又可以分为**积极面子**和**消极面子**，如表 8-4 所示：

表 8-4　积极面子和消极面子

	解释	实例
积极面子	• 被他人喜爱和接受的愿望 • 和他人交往的需要 • 和他人保持亲近的需要	(1) Take this seat. (2) Get out of the room!
消极面子	• 行为不被他人所干预的需要 • 独立的需要 • 和他人保持疏远的需要	(3) Can you take this seat? (4) Would you please leave this room?

*注：消极并非不好，只是与积极相对。

从此表可以看出，**积极面子**指希望得到别人的赞同、喜爱、欣赏和尊敬等，**消极面子**是不希望自己的行为受到别人的干预或阻碍、拥有自主和自由等。

在交际中理想的情况是，每个人都要顾及他人的面子需求，不威胁他人的面子。这种保全面子的一般规则是：对相对年轻的、亲密的朋友以及社会地位相对较低、权力相对较小的人，我们直接而非间接地交谈，以保全他们的积极面子，如表中的（1）、（2）所示。然而，对于相对年长的、较陌生的朋友以及社会地位较高、权力较大的人，我们往往间接地说话，以保全他们的消极面子，如表中的（3）、（4）所示。

8.5.3 礼貌策略

练习 8-4：假如你的邻居深夜音乐开得很大，而你又想要睡觉，你会选择下面哪一句话让其关闭音乐？

（1） Stop that awful noise right now!

（2） It's getting a bit late, and people need sleep.

如果选择（1）这个**威胁面子的行为**，你就会太直接，会对邻居的面子造成威胁；如果选择（2）这个**保全面子的行为**，就比较间接，也就会减轻可能的面子威胁。

鉴于很多话语行为都可能威胁到面子，交际中"讲礼貌"就意味着说话时要减轻话语行为对他人面子的威胁。因此，每个人都应尽量采用不同的**礼貌策略**，尊重他人的面子需求，如图 8-4 所示。

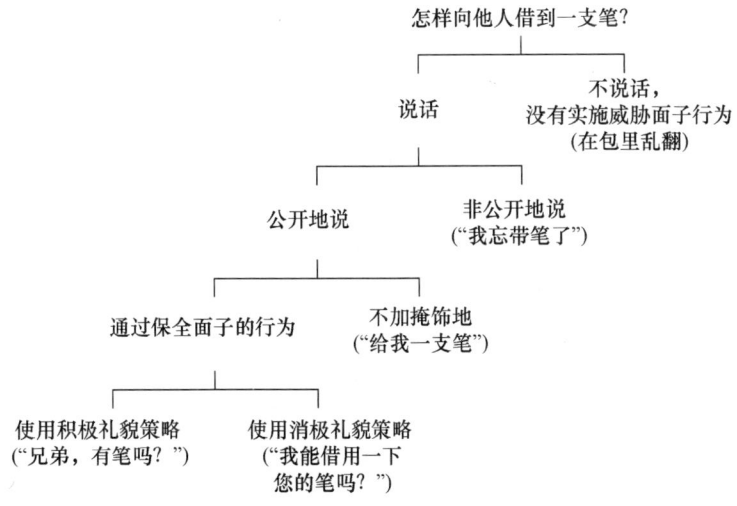

图 8-4 "怎样向他人借到一支笔？"（参见 Yule, 1996：66）

为了借到笔,你既可以用言语行为来请求,也可以用非言语行为来请求。在后者,你可以在包里面乱翻,向他人暗示你需要笔。

如通过言语行为来表达,你可以选择**非公开的间接策略**,或**非公开地实施威胁**面子行为。也就是说,你可以说"我忘带笔了"来间接地暗示他人你需要笔。这样会使你的请求不至于太强势、太直接,因而可以保全受话者的面子。

与非公开话语相反的是,你可以直接告诉受话者你需要一支笔,如"给我一支笔"。这种直接请求被称为**不加掩饰的公开策略**,或**赤裸裸地公开实施威胁面子行为**,即直话直说,没有采取任何行动来减少对受话者面子的威胁。

你也可以通过保全面子的话语公开地说。一是使用**积极礼貌策略**,即说出保全积极面子的话语(如"兄弟,有笔吗?"),这样,你就表达了与受话者的亲密关系,照顾了其积极面子。二是使用**消极礼貌策略**,即说出保全消极面子的话语(如"我能借用一下您的笔吗?")。这样,你就表达了对受话者的"敬而远之",照顾了其消极面子。

8.6 言语行为

所谓"言语",曾经一直被认为"只是说话"而已。然而,一些学者已经意识到,说话其实也是一种行为。根据英国哲学家奥斯汀(John Austin)的**言语行为理论**,说话者在说话的同时,也是在实施某种行为。例如:

例 8-15

(1) I give my watch to my brother.

(2) I bet you sixpence it will rain tomorrow.

(3) I promise to finish it in time.

(4) I apologize.

(5) I declare the meeting open.

(6) I warn you that the bull will charge.

(7) I name this ship Queen Victoria.

以上各句中,说话人在说话的同时,分别实施了"给"、"打赌"、"许诺"、"道歉"、"宣布"、"警告"、"命名"等行为。奥斯汀因此称之为**言语行为**。

8.6.1 施为句和叙述句

为了理解奥斯汀的**言语行为理论**,我们先得了解什么是**施为句**和**叙述句**。施为句也即"言有所为",通常包含**行事动词**,在实施行为的同时也明晰地描述了该行为;而叙述句只是对事实的陈述或对事件的描述,故而被称作"言有所述"。在例 8-16 中,施为句(1)—(4)都包含行事动词,叙述句(1a)—(4a)则不然。

例 8-16

施为句	叙述句
(1) I promise I'll be there.	(1a) I'll be there.
(2) I admit I was foolish.	(2a) I was foolish.
(3) I warn you that this gun is loaded.	(3a) This gun is loaded.
(4) I apologize.	(4a) I'm sorry.

但是,如一个话语包含有行事动词,并不一定意味着它就是施为句,如例 8-17 所示。

例 8-17

(1) *I *amuse* you.

(2) *I *flatter* you.

(3) *I *insult* you.

这里的动词 amuse、flatter 和 insult 并不是行事动词,因为它们只是用来描述相应的行为,因而这两个话语就不能成为施为句。为此,奥斯汀提出,若要判断一个话语是否为施为句、一个动词是否为行事动词,还可以将其中的动词与"hereby"连用。如果不是行事动词,连用后的句子就显得很别扭,就不能成为施为句,如下例中的(2)。

例 8-18

(1) I hereby *promise* I'll be there.

(2) *I hereby *flatter* you.

就此而言,只要符合"hereby"连用条件,每个话语本质上都可以成为施为句。换言之,每个话语都可以包含一个行事动词,且这个词能够明晰地实施并描述该行为。这就是所谓的**施为句假说**。例如,在下例子中,(1)—(4)都是问句,尽管不包含"邀请"这一动词,但本质上包含"我邀请你晚上出去"这一施为句。

例 8-19
(1) Can you go out with me tonight?
(2) Do you want to go out with me tonight?
(3) If you are free, why don't we go out tonight?
(4) Shall we go out tonight?

8.6.2 以言指事、以言行事和以言成事

言语行为的另外一个特点，就是说话者说话时，或在实施一个言语行为时，也同时实施以下三种行为：

——**以言指事**行为，指的是说话的行为，即说话者说出话语；

——**以言行事**行为，说话者通过话语实施的行为，如道歉、陈述、警告等；

——**以言成事**行为，话语对受话者的作用。

例如，当说话者说"给我一支笔"时，以言指事行为就是说出这个话语，以言行事行为就是"请求"受话者给其一支笔，以言成事行为就是受话者满足了说话者要笔的请求。

需要指出的是，在不同的以言行事行为中，说话者的意图是不同的，所要表达的愿望也不同。因此，不同言行事行为有着不同的**以言行事意图**。正因为这一特点，我们可以根据说话者的意图将以言行事行为分成不同类型。例如，美国语言哲学家塞尔（John Searle）就根据以言行事意图把以言行事行为分成五类：**阐述类**、**指令类**、**承诺类**、**表达类**和**宣告类**（见表8-5）。

表 8-5　以言行事行为的分类（参见 Searle, 1975a: 12-20）

以言行事行为类型	以言行事意图	例示
阐述类	描述或表达事情的状态	*affirming, announcing, claiming, classifying, confirming, denying, informing, insisting, predicting...*
指令类	促使受话者实施某个行为	*advising, asking, begging, forbidding, instructing, ordering, permitting, requesting, requiring, warning...*
承诺类	说话者承诺未来的行为	*agreeing, inviting, offering, promising, swearing, volunteering...*
表达类	表达说话者的心理状态或情感	*apologizing, condoling, congratulating, greeting, thanking...*
宣告类	话语本身产生某些结果	*declaring war, naming, firing a person from a firm, ...*

8.6.3 间接言语行为

我们知道，不同的话语在不同的交际语境中会有不同的以言行事功能。例如，"I have a headache"是一个"陈述"行为，然而还可以用来实施其他不同的言语行为，如例 8-20 所示。

例 8-20

(1) John: How do you feel today?

　　Jane: I have a headache.

(2) John: How about going shopping this afternoon?

　　Jane: I have a headache. (= I won't go shopping.)

(2) John: The TV program has not finished yet.

　　Jane: I have a headache. (= Turn off the TV!)

在（1）中，话语"I have a headache"是"陈述"行为，直接回答 John 的问题；在（2）中却被用于实施"拒绝"的行为，间接地拒绝 John 的提议；在（3）中，可作为"请求"行为，间接地请求 John 关掉电视。

毋庸置疑，话语（1）中的"I have a headache"被用来实施"陈述"这一**直接言语行为**。然而在（2）和（3）中，却被用来实施"拒绝"和"请求"这两个言语行为。换言之，"拒绝"和"请求"这两个言语行为是通过"陈述"间接地实施的，故被称为**间接言语行为**，即通过另一个言语行为间接地实施的言语行为。

同时，不同的话语也可以被用来实施同一个言语行为。如在下例中，除（7）外，所有话语都被间接地用以实施"请关门！"这一请求行为。

例 8-21

(1) Why don't you shut the door?

(2) The door!

(3) Can you shut the door?

(4) Would you mind shutting the door?

(5) You have left the door open.

(6) It's cold in this room.

(7) Close the door, please!

8.7　本章小结

语用学可谓语言学研究的后起之秀。作为一个研究如何通过语理解和使用语言的语言学之独立分支,其前景十分广阔,也引起了越来越多学者的重视。本章所讨论的就是语用学研究的主要论题,其中:

——指示关注意义与说话者的语境的关系;
——前提关注意义与说话者的假设的关系;
——会话含义关注说话者如何言此意彼;
——语言的礼貌关注如何保全他人的面子而选择礼貌策略;
——言语行为关注言语如何被用来实施不同的行为。

讨论这些主要论题的目的,是让大家对语用学研究的主要问题,特别是对语境与意义的各种关系问题,有个初步的了解。而对跨文化语用学、语际语用学、认知语义学、应用语用学等语用学最新的发展成果,本章未作探讨。

参考文献

Austin, J. L. 1962. *How to Do Things with Words*. Oxford: Oxford University Press.

Brown, P. and Levinson, S. 1978. Universals in language usage: politeness Phenomena. In Goody, E. N. (ed.), *Questions and Politeness: Strategies in Social Interaction*. Cambridge: Cambridge University Press.

Crystal, D. 1987. *The Cambridge Encyclopedia of Language*. Cambridge: Cambridge University Press.

Fotion, N., 1995. Pragmatics. In T. Honderich (ed.), *The Oxford Companion to Philosophy*. Oxford: Oxford University Press.

Grice, H. P. 1975. Logic and conversation. In Cole, P. & Morgan, J. (eds.), *Syntax and Semantics 3: Speech Acts*. New York: Academic Press. 41–58.

Leech, G. 1983. *Principles of Pragmatics*. London: Longman.

Levinson, S. C. 1983. *Pragmatics*. Cambridge: Cambridge University Press.

Peccei, J. S. 1999. *Pragmatics*. London: Routledge.

Searle, J. 1969. *Speech Acts*. Cambridge: Cambridge University Press.

—1975a. A taxonomy of illocutionary acts. In Searle, J. 1979. *Expression and Meaning: Studies in the Theory of Speech Acts*. Cambridge: Cambridge University Press. 1–29.

—1975b. Indirect speech acts. In Searle, J. 1979. *Expression and Meaning: Studies in the Theory of Speech Acts*. Cambridge: Cambridge University Press. 30–57.

Yule, G. 1996. *Pragmatics*. Oxford: Oxford University Press.

何自然. 1998. 语用学与英语学习. 上海: 上海外语教育出版社.

陈新仁. 2008. 语用学教程. 北京: 外语教学与研究出版社.

问题和练习

1. 下面是不同学者对语用学的定义，它们有哪些共同点？
   (1) Pragmatics can be usefully defined as the study of how utterances have meanings in situations. (Leech, 1983: x)
   (2) Pragmatics studies the factors that govern our choice of language in social interaction and the effects of our choice on others. (Crystal, 1987: 120)
   (3) Pragmatics is the study of language which focuses attention on the users and the context of language use… (Fotion, 1995: 709)
   (4) Pragmatics is the study of how more gets communicated than is said. (Yule, 1996: 3)

2. 在图8-5中，面对"Photo lab will be closed for the next 30 minutes."，顾客会有什么样的困惑？请用本章所学的指示理论对此做出解释。在日常生活中还有类似例子吗？请举例说明。

图8-5 "半小时后？"

3. 在广告语言中，前提现象比比皆是。在下面这两幅广告图中（图8-6，8-7），其前提意义分别是什么？

图8-6 "Feel the warmth of Brasil！"　　图8-7 "Scotch for another era！"
(http://adsoftheworld.com)

4. 前提也常被用于庭审问话。在下面每一句庭审问话中,其前提意义分别是什么?

    (1) How long have you been selling cocaine?

    (2) Have you stopped being an active gang member?

    (3) How did you know the murderer had bought a knife?

    (4) Why did you phone the murderer?

5. 假如你准备为小李安排一份工作,需要他有很好的英文写作能力。为此,你向他英文老师写信求援,请她对小李的写作水平作出评价。你收到的回信内容如下:

    "Li has regularly and punctually attended all my classes. All his assignments were handed in on time and very neatly presented."

    请用本章所学的会话含义理论回答下面三个问题:

    (1) 老师故意违反了合作原则的哪个准则?

    (2) 老师这封信暗含的意义又是什么?

    (3) 老师为什么要这么写?

6. 假如你的房间很脏,且轮到你的室友打扫卫生。在下面的几个话语中,你会选择哪句让其打扫房间卫生?为什么?

    (1) It's your turn to clean the room.

    (2) You need to clean the room.

    (3) How about cleaning up the room?

    (4) Could you clean up the room, please?

7. 在下面的三个对话中,每位说话者的话语分别属于哪一类言语行为?请用本章所学的言语行为理论给予解释。

    (1) Jane: Coco's sick.

      Steve: I'll take her to the vet.

    (2) Mike: What's the weather like in Dallas?

      Annie: It's raining.

    (3) Ed: The garage is a mess.

      Fay: Clean it up.

      (Peccei, 1999: 51-52.)

第9章 认知语言学：语言与认知

> 无论是思维还是行为，我们的概念系统在本质上都是隐喻的……越是抽象，就越要求更多层的隐喻来表达。
>
> ——乔治·莱考夫

9.1 引言

"认知"指的是"认识的行为或经过"。随着认知科学的发展,语言学家们试图说明人脑在语言的发展、运用和理解中的作用,这就是**认知语言学**。认知语言学家认为对语言现象的解释必须参照其深层的心理过程。

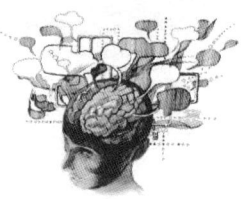

图 9-1　认知

认知语言学的有关的理论有很多,以下是其中一些理论的简单介绍。

9.2 作为概念隐喻的语言

数千年来,学者们都把**隐喻**视为诗歌想象和修辞的一种手段。莱考夫和约翰逊(Lakoff & Johnson,1980)的研究发现,隐喻不仅存在于语言中,还存在于我们的思想和行为中。可以说,隐喻在日常生活中无处不在。

9.2.1　思维在本质上是隐喻的

无论在思维还是行为上,我们的概念系统在本质上是隐喻的。请看下面例 9-1 中的语言表达:

例 9-1

You are *wasting* my time.

This gadget will *save* you hours.

I don't have the time to *give* you.

How did you *spend* your time these days?

That flat tire *cost* me an hour.

I have *invested* a lot of time in her.

…

(Lakoff & Johnson,1980:7 and 8)

这些例句都表达了同一个**概念隐喻**——时间是金钱(TIME IS MONEY)。说话者设法把时间这一抽象概念描述成具体的、有价值的物件。

同传统隐喻理论一样,概念隐喻也是对属于不同的**概念域**的两个事物或事件的某一特征的类比。**范畴化**对于概念域的理解很重要。

例如,要懂得莱考夫(Lakoff,1987)《女人、火和危险的事物》这本书的书名,我们首先要知道属于同一范畴意味着:事物是因为共同的特点而被归入同一范畴的。传统观点认为范畴是建立在共同的特征之上,这不完全是错误的。但是,近年来的研究发现,范畴化远比这一简单定义复杂得多。对于我们的思维、感知、行为和言语来说,没有比范畴化更为基础的了。没有范畴化的能力,人类就不可能有正常的物质生活、社会生活和精神生活。理解我们怎样划分范畴对于理解概念隐喻、思维和行为方式都非常重要。

图 9-2　范畴化

9.2.2　经验主义和体验性

知识,如同真理,与理解相关。经验因前概念结构(preconceptual structures)而成为可能,并由前概念结构所建构。能够直接感知的概念对于所有人来说都大致相同。有些认知域在我们的经验中缺乏清晰可辨的前概念结构,这时我们就通过隐喻来引进这种结构。隐喻是我们理解本身没有**前概念结构**的经验域的一个手段。

当我们谈论经验主义时,离不开体验性。人类概念的改变与身体的体验紧紧相连。任何模式的人类运动感知经验在人类想什么、人类怎样想等方面都起着关键的作用。所有人类抽象的概念化和推理、人类的思维和语言及人类的符号表达和互动,同身体经验以及一切经验的美学特征都有极其紧密的联系(Johnson & Lakoff,1999)。

9.2.3　意象图式作为基石

那些在早期儿童发展过程中所习得的、呈有规律的、反复出现的经验的体验性模式称为**意象图式**(Johnson,1987)。意象图式是图像似的整体,包含关于一个物体作为一个整体的程序信息和感知信息。意象图式并不限于视觉模态,还可以是运动知觉模态、听觉模态和跨模态的。

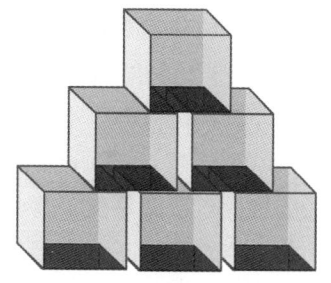

图 9-3　基石

9.2.4 概念整合

意象图式是怎样组织和衔接的呢？福康涅和特纳的概念整合理论回答了这一问题。福康星和特纳（Fauconnier & Turner, 1996/1998）认为不同场景中的要素和关键关系在潜意识中进行整合，这个过程在日常生活中的思维和语言中无所不在。因为**概念整合**理论没有阐明进行整合的输入空间从何而来，所以它不是一个关于创造性的理论。但是，这些整合过程中形成的领悟就是创造性思维的产物。

9.3 认知语法

9.3.1 理论背景

认知语法是一个不断发展的跨学科研究方法，试图将语言学的理论模式与认知心理学结合起来。由于强调认知心理，因此该语言理论非常具有创新性，其研究范围也很广，从**音位学**到**人类学**到计算机应用都有涉及。

认知语法理论最早是由罗纳德·兰艾克（Ronald Langacker, 1987）提出的。他认为语言的基本单位是一个语义结构同一个音位标记所构成的符号或者说配对体。在语法规则的制约下，基本的语言单位组成更大的单位，这些更大的语言单位也是语义和音位的配对体。在认知语法理论中，语义是意象图式，而不是命题，语义与音位的紧密关系，可以相互唤起。

9.3.2 结构和层级

认知语法的理论框架由三种结构和描述的两个层级组成。三个结构是指语义结构、语音结构和符号结构。描述语言表达的两个层级是语义层和语音层（Langacker, 2008）。

9.3.3 语法和词汇

在这个体系中，语法仅仅是一个概念指称符号。也就是说，语法是一个符号元素，连接语音和概念。因此，语法从根本上说是词汇的延伸。**语法单位**就像词汇一样，也有意义。这种意义不仅仅是一个真值条件或其合并物，因为意义与整个语言产出和理解的认知过程相关，即，意义与一个认知域相关联。比如说，所有的名词属于一种认知加工，而那就是这类词的意义；所有的动词属于另一种不同的认知加工，而那就是这类词的意义。不同类型的名词（如可数名词与集体名词）属于不同类型的"名词"认知。同理，一个词属于一种认知加工类型，而那就是其意义。

词汇、**形态**和**句法**形成一个连续体，而不仅仅是符号结构（形—意配对）的集合。因此，所有的语法元素都可以说是有意义的。总的说来，这些被认为是词汇的象征符号集是相当具体的，而那些被认为是语法的符号集合则更加抽象。

9.3.4 侧面、射体和界标

识解的维度包括视角和各种类型的**凸显**。其中两种重要的凸显类型是**侧面化**和**射体/界标不对称**。

侧面化可以说是一个概念化活动的参照。它从概念内容的排列中唤起概念基体。每一种表达都会选择某一次结构作为它的**侧面**（概念参照）。例如，knuckle 这个词就会唤起它的概念基体——手指，knuckle 侧重手指的一个部分，即一个关节。同理，interruption 一词的概念基体是有一定时间跨度的按计划的活动，该词侧重的是"在此活动期间暂时的、有一定时间的延缓"。语言表达也可以使某种关系侧面化，比如，介词 across 的一个意义就是对两个实体之间相对于某个视点的空间关系的侧面化。具体地说，被定位的那个对象称为**射体**，位于某个心理路径的末端，而这个心理路径产生于特定的视点，并且穿越了另一实体，后者就是**界标**。

9.3.5 语法构式

对于语言成分的意义、语言成分之间的语法关系的语义基础，认知语法比其他语法理论更加明确。以 Alfred hit Bernard 为例，Alfred, hit, Bernard 这三个组成部分结合在一起形成组合结构（composite structure）。组成部分和组合结构是都是象征单位，都有语义极和音位极，从而形成象征结构或构式的结合。结合发生在两端，语音结合标志着语义的结合。对于 Alfred 和 Bernard 这两个组成部分而言，仅仅是分别侧重了某一个事物。组合结构通常从某个成分那里继承其侧面，这个提供侧面的成分因此被称作**侧面限定成分**。hit 是 Alfred hit Bernard 这一组合结构的侧面限定，因为该词所指的过程也同时被整个表达所侧重。因此，hit 就是这一级组织的中心词。

需要注意的是，组成成分之间有凸显的次结构之间的语义连接是很常见的。一个组成部分阐述另一个组成部分的图式次结构也是典型的。因此，在上面的例子中，Alfred 详述了 hit 的抽象射体，而 Bernard 详述了它的界标。射体和界标就是组合结构中要详述的位置。

9.3.6 意义分析

意义并不是只限于"原始概念"或者"概念内容"。语义学必须考虑到我们以交替的方式识解概念内容的各种能力。例如，我们要学会把具体的、详细的概念抽象化，用不同程度的**图示化**来描述一个想象中的实体，如：

图 9-4　意义构建

computer ＞ machine ＞ object

我们也能在截然不同的概念的次级成分之间建立起对应关系，以一个概念为背景描绘另一个概念（如隐喻）。因此，如果意义和语义学不仅包含概念内容，还包含语义对应和其他方面的识解，那么，意义和语法就不可分或相互独立而存在（Langacker，1994）。

认知理论只在概念层面对意义进行分析。"意义可归纳为**概念化**（心理经验）"这一观点可以理解为：感知是概念化过程中的一部分，在感知和解读之间就没有明确的分界线。然而，如果感知融入概念过程，如果我们承认我们所感知的并不一定是外在世界所真正发生的（如我们对灯光或颜色的感知），那么，**存在论**就不需要了，**认识论**就够了。因为认知理论主要关注概念化的过程，我们不说世界是什么样的，而说我们是怎样概念化世界的。同时，构建概念的形式也是有意义的。我们可以用很多不同的语言形式来描述同一个内容。根据人们对语法的定义，语法已经对内容的意象强加限制，因此，每一种语法都已经限定了语言使用者所能用到的意象（Martinovski，1995）。

9.4　构式语法

9.4.1 背景

构式语法包括一系列相关的语法理论或模式，建立在"基本的语法单位是**语法构式**,而不是**极小的句法单位**及其组合规则"这一思想的基础上(Kemmer, 2007; Wikipedia, 2009)。

9.4.2 语法构式

语法构式是形式与内容的配对。一个构式的形式被描述为**句法模块**,但形式不仅包括句法,还包括语音方面,如**韵律和声调**。内容包括语义和语用意义。

语法构式的语义由**认知语义学**的概念结构组成:**意象图式**、**框架**、**概念隐喻**、**概念转喻**、各种**原型**、**心理空间**及心理空间之间的**整合**。语用学则成为交际的认知语义学。

因此,一个构式被视为一个"符号",其所有的结构成分都是构成整体的组合成分,并不分布于不同的模块中。因此,不仅构式的词汇是固定的(就像很多熟语一样),更为抽象的论元结构图式也是形式和概念化意义的配对。例如,双及物图式[SVO_1O_2]所表达的语义内容是 S CAUSES O_1 TO RECEIVE O_2。同样 X get ants in X's pants 的意思是 X IS SHAKING WITH FEAR;kill 的意思是 X CAUSES Y TO DIE。

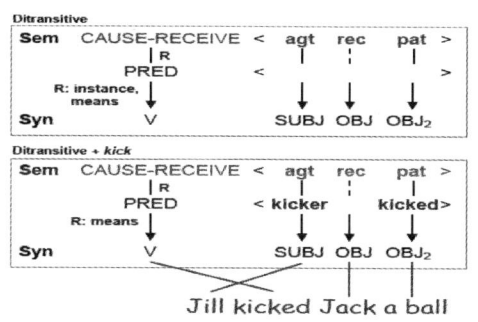

图 9-5 双及物构式

9.4.3 句法—词汇连续体

构式语法不认为句法和词汇之间存在严格的区别,提出**句法—词汇连续体**。形式和意义的不同仅仅在于象征单位的复杂程度。因此,一种语言的语法由不同构式家族的分类网络组成,其组成原则与认知语言学的概念范畴的组成原则是相同的。

9.4.4 同义与单音

由于构式语法的运作不是从底层结构派生表层结构,因此拒绝构式的多义性,坚持**无同义原则**(Goldberg, 1995/2006)。构式语法学者认为同一命题的主动形式和被动形式并不是同一个底层结构的派生，而是两个不同的构式。因为构式是形式和语义的配对，所以同一命题的主动形式和被动形式不是同义的，而是展示了不同的内容，这里的内容指的是语用内容。

9.5 认知语义学

9.5.1 背景

认知语义学的主要研究者是伦纳德·泰尔米（Leonard Talmy, 2000），他的基本目标是识别语言中与其他认知域（如视觉感知）的建构机制平行的某些概念结构。和许多其他认知语言学家一样，他也认为"语法不是自主的，而是概念的组织系统"。

泰尔米认为，人类的语言能力取决于人类整合完全不同的概念内容和结构，从而创造出统一的认知呈现的能力；取决于人类利用相对有限的语法规则和词汇形式创造出近乎无限的认知呈现的能力。

基于以上理解的基础上，泰尔米分析了语法子系统和词汇子系统的语义学及两者互动的方式。例如，英语指示词 this 和 that、介词 across、过去时的曲折

图 9-6 视觉感知

变化-ed 都是封闭类的，在空间和时间上是中性的，使得我们能恰到好处地表达 This ant crawled across my palm 或 This bus drove across the country。

9.5.2 图式范畴

概念范畴被称为**图式范畴**。图式范畴分为建构概念系统的延伸系统和复杂系统。图式范畴与构型结构、视角、注意力的分配、力动图式与致使关系，以及认知状态有关。

根据语言的基本结构特点，可以分为两个子系统：语法系统和词汇系统。词汇系统是"开放的"，由拟音词根、形容词词根、动词词根、名词词根等组成。相比之下，语法子系统则是"封闭的"，包括语法范畴和子范畴、语法关系、词序和语法复合体（如构式、句

法结构、补语结构)。句子的提示使听者构建出认知呈现。词汇子系统通常提供内容提示;语法子系统通常提供结构提示。

9.5.3 力动图式

力动图式是对传统的使役概念的归纳,把**致使结构**分成更小的基元,研究 letting, hindering, 和 helping 的意义(Talmy, 1985/1988/2000)。其基本思想就是语言中存在封闭类(语法)范畴和开放类(词汇)范畴的根本区别。力动图式和数、体、情态及言据性一样属于封闭类范畴。

语言表达能表现力动模式,也能表达中性的力动图式。The door is closed 是中性的,因为没有两个反作用力。而 The door cannot open 表达了力动模式。因为门是要开的,但却有另一个力在阻止它打开(如: it may be jammed)。

在以上基本概念的基础上,力动图式归纳为以下两点。当**作用力**强于**反作用力**时,力动图式可以通过 X happened despite Y 这样的句子来表达;当反作用力强于作用力时,可通过为 X happened because of Y 表达。后者中的致使关系就属于泰尔米所定义的延伸致使关系(Talmy, 1981/1985)。

9.6 概念语义学

9.6.1 背景

概念语义学的主要研究者是美国语言学家雷·杰肯道夫(Ray Jackendoff)。杰肯道夫的研究横跨生成语言学和认知语言学,也就是说,他既相信有先天的普遍语法的存在,同时也致力于用当前对人类心智和认知的了解来解释语言。

9.6.2 平行结构

音位、句法和语义都有各自的合成规则,合成后的结构由**界面成分**相连。其中有些结构,如词和词素是音系、句法和语义之间特殊的映射;有些结构,如熟语,意义是附在句型结构上的;有些结构则纯粹是句法的结构或词素—句法的结构;还有的结构是带有句法形式或语音形式的意义片段。

在词汇(不规则现象)和规则(规则现象)之间有严格区分。一个词就是一种在语音、句法和语义结构之间建立起对应的连接规则。有研究证明，这个概念对于分析熟语非常有用。

9.6.3 界面和生成语法

该理论的任务是把正确的界面规则形式化。

意义是一个不完全依赖句法的单独的组合系统。与很多认知语义学方法不同的是：界面和生成语法认为单是句法不能决定语义，反之亦然。句法仅需与语义形成界面，这个界面只要能产生排序正确的语音输出就可以了（Jackendoff, 2002/2007）。

现实中的事物及其**投射**的必要条件不同。以**空间连续性**为例，一个正方形的四个点是否连接并不是必要条件，它的空间连续性才是投射的必要条件。

9.6.4 概念结构

我们有**语音表达**、**句法结构**、**语义结构**和**概念结构**。概念结构指的是所有外围的信息映现和产生映现的**心理表征**，心理表征是我们先天的、形成概念的规则系统。

概念结构由形式生成系统组合构建，并且通过界面规则同感知和行为活动中的语言结构以及心理结构相连。概念结构包含有各种"层级"，如：**命题层、信息结构层、指称层**（Schenner, 2009）。

9.6.5 意识和无意识

两个中心假设是：（1）语言作为所感知到的声音为人们所体验，人们意识到的语言形式大多反映了语言的音位结构；（2）语言使用者只在体验同思想相连的音位意象以及其他无法推知的意象的过程中对语言表述的思想内容产生意识。因此，意识和注意紧密相关，并位于感知层的心理结构中。

9.6.6 社会认知

社会认知建立在内在的、先天的（甚至可能是属于特定认知域的）资源的基础上。对于**谓词**（如"to request"、"to buy"、"to own"）的语义分析至关重要，因为这些词属于"统治"、"权威"、"义务"、"价值"或"协定"这些基本的社会概念之上。社会认知中最主要的是和其他人的关系，如亲属关系、联盟关系、特别是团队成员关系。一个团队经常被概念化为"超个人"，其身份条件可独立于其成员。人与人之间合作和竞争涉及共同行为和共同意图，这些可能是人类独有的，但是有诸如共同注意力和性行为这样的前身。

社会认知的另一个重要方面是各种标准化规则（如：道德准则、法律、宗教规定）。

9.6.7 价值的逻辑

价值是物体、人和行为所具有的"概念化的抽象的性质"，在各种推理规则中起作用。价值系统包含三个基本因素：**输入规则**（给实体赋值）、**输出规则**（在价值的基础上行为的选择）和**内在规则**。价值涉及对某人拥有一项权利或是义务这样的情境进行的概念化。

9.7 本章小结

认知语言学兴起于 20 世纪 70 年代。认知语音学家关注语言同思维的关系，试图通过语言独有的、内在的结构特征来解释语言模式的研究方法。他们试图解释语言之外的事物与语言结构的关系。他们所研究的是不专属语言的认知原则和机制，包括人类进行范畴化的原则、语用和互动原则、一般的功能原则（如象似性和经济性原则）。

在认知语言学领域中，杰肯道夫的概念语义学有时被认为更倾向于转换生成语法而不是认知性质的，因为他拒绝谈论"心理呈现的意图性"。

参考文献

Fauconnier, G. & Turner, M. 1996. Blending as a central process of grammar. In Adele Goldberg (ed.), *Conceptual Structure, Discourse, and Language*. Stanford: Center for the Study of Language and Information [distributed by Cambridge University Press].

Fauconnier, G. & Turner, M. 1998. Conceptual Integration Networks. *Cognitive Science*, Vol. 22 (2).

Fauconnier, G. 2009. *Cognitive Construction of Meaning*. Beijing: Beijing Foreign Language Teaching and Research Press.

Fillmore, Charles, Paul Kay and Catherine O'Connor. 1988. Regularity and Idiomaticity in Grammatical Constructions: The Case of *let alone*. *Language* 64: 501-38.

Goldberg, Adele. 1995. *Constructions: A Construction Grammar Approach to Argument Structure*. Chicago: University of Chicago Press.

Goldberg, Adele 2006. *Constructions at Work: The Nature of Generalization in*

Language. Oxford: Oxford University Press.

Jackendoff, Ray. 2002. *Foundations of language: Brain, Meaning, Grammar, Evolution.* Oxford: Oxford University Press.

Jackendoff, Ray. 2007. *Language, Consciousness, Culture: Essays on Mental Structure* Cambridge, Mass. : MIT Press.

Johnson, Mark. 1987. *The Body in the Mind: The Bodily Basis of Meaning, Imagination, and Reason.* Chicago: University of Chicago Press.

Johnson, Mark. 1993. *Moral Imagination: Implications of Cognitive Science for Ethics.* Chicago: University of Chicago Press.

Johnson, Mark and George Lakoff. 1999. *Philosophy in the Flesh: The Embodied Mind and Its Challenge to Western Thought.* New York: Basic Books.

Kemmer, Suzanne. 2007. *About Cognitive Linguistics: Historical Background.* International Cognitive Linguistics Association. Updated 28 July, 2007.

Lakoff, George and Mark Johnson. 1980. *Metaphors We Live By.* Chicago University of Chicago Press.

Lakoff, George 1987. *Women, Fire, and Dangerous Things: What Categories Reveal about the Mind.* Chicago: CSLI.

Lakoff, George and Mark Turner. 1989. *More Than Cool Reason.* Chicago: University of Chicago Press.

Langacker, Ronald. 1987/1991a. *Foundations of Cognitive Grammar.* 2 vols. Stanford: Stanford University Press.

Longacker, Ronald W. 2008. *Cognitive Grammar: A Basic Introduction.* New York: Oxford University Press.

Martinovski, Bilyana. 1995. Three cognitive theories: major differences and similarities-Talmy, Langacker, Jackendoff. Department of linguistics, Gothenburg University.

Schenner, Mathias. 2009. Review: Cognitive Science: * Shalizi, Cosma. 2005. Review: Ray Jackendoff's *Foundations of Language: Brain, Meaning, Grammar, Evolution* (Oxford University Press, 2002). *The Bactra Review.* 8 February 2005.

Talmy, Leonard. 1981. "Force Dynamics". Paper presented at conference on Language and Mental Imagery. May 1981, University of California, Berkeley.

Talmy, Leonard. 1985. Force Dynamics in language and thought. In *Papers from the 21st Regional Meeting, Chicago Linguistic Society*, 293–337.

Talmy, Leonard. 2000. *Toward a cognitive semantics: Vol. 1 Concept structuring systems.* Cambridge Mass: MIT Press.

Turner, Mark. 1987. *Death is the Mother of Beauty: Mind, Metaphor, Criticism.* Chicago: University of Chicago Press.

Turner, Mark. 1996. *The Literary Mind: The Origins of Thought and Language*. Oxford: Oxford University Press.

Turner, Mark. 2002. Review of Leonard Talmy, *Toward a Cognitive Semantics. Two volumes* (Cambridge: MIT Press, 2000). *Language: Journal of the Linguistic Society of America*, Vol. 78 (3).

Wikipedia. 2009a. Cognitive grammar. From *Wikipedia, the free encyclopedia*. Retrieved from "http://en. wikipedia. org/wiki/ Cognitive grammar". Last modified on 28 June 2009.

Wikipedia. 2009c. Construction grammar. From *Wikipedia, the free encyclopedia*. Retrieved from " http://en. wikipedia. org/wiki/Construction _ grammar ". Last modified on 7 July 2009.

阅读书目

Fauconnier, G. 1985/1994. *Mental Spaces*. New York: Cambridge University Press.

Fauconnier, G. 1997. *Mappings in Thought and Language*. Cambridge: Cambridge University Press.

Feldman, Jerome A. 2006. *From Molecule to Metaphor: A Neural Theory of Language*. Cambridge: MIT Press.

Langacker, Ronald W. 1999. *Grammar and Conceptualization*. Berlin & New York: Mouton de Gruyter.

Taylor, John R. 2002. *Cognitive Grammar (Oxford Textbooks in Linguistics)*. Oxford: Oxford University Press.

Ungerer, F. and Schmid. H. J. 2001. *An Introduction to Cognitive Linguistics*. Beijing: Beijing Foreign Language Teaching and Research Press.

程琪龙. 2006. 概念框架和认知. 上海：上海外语教育出版社.

李福印. 2004. 应用认知语言学：概念隐喻与意象图式在英语学习中的应用. 北京：中国文史出版社.

王　寅. 2005. 认知语言学探索. 重庆：重庆出版社.

王　寅. 2007. 认知语言学. 上海：上海外语教育出版社.

赵艳芳. 2001. 认知语言学概论. 上海：上海外语教育出版社.

问题和练习

1. 什么是认知语言学？
2. 传统修辞手法中的"隐喻"和"概念隐喻"有什么不同？
3. 下面的句子中都包含有什么概念隐喻？
   (1) Inflation is lowering our standard of living.

(2) If there's much more inflation, we will never survive.

(3) We need to combat inflation.

(4) Buying land is the best way of dealing with inflation.

(5) Inflation makes me sick.

4. 为什么认知和经验主义与体验性相关?
5. 什么是认知语法? 它的(理论)框架是什么?
6. 我们如何理解认知语法中语法和词汇的关系?
7. 分析构式 *John kicked Mar*。
8. 从构式语法的角度看,"主动语态"和"被动语态"是一个同义的还是单义的表达?
9. 伦纳德·泰尔米(Leonard Talmy)的目标是什么?
10. 你认为雷·杰肯道夫(Ray Jackendoff)是一个生成语法学家还是一个认知语言学家?

第 10 章

文字系统

阅读使人充实,书写使人精确。

——弗朗西斯·培根

10.1 引言

什么是文字呢？从我们进入幼儿园起，老师就开始教我们如何把东西书写到练习本上，我们所写的当然可以被称为文字。在我们首次接触电脑之后，我们便开始用键盘输入英文或中文，这也是文字的一种。不同的语言通常拥有非常不同的文字系统。文字系统是语言知识的一个重要部分，为了更多的了解，我们现在将对它的特点进行一次较为系统的探讨。

图 10-1

10.1.1 文字的定义

文字是一种用来记录信息的符号，它可以将声音元素转化成视觉元素。它是人类通讯中最重要的工具之一，扩展了人类之间信息交换的时空范围。所以文字的定义可以被认为是：文字是用来记录语言的符号系统，是人类通讯最重要的工具之一。

10.1.2 文字系统的特征

文字系统有五个特点，具体列述如下：

（1）它以语言为中介，与大脑之间建立了间接的关系，即"大脑—语言—文字"。

（2）其所用材料为文字符号，必须能被肉眼感知，这一功能与图片类似。我们可以利用图片生动地再现世界，图片的原材料是特殊的艺术形式。

（3）它在交流中扮演了口语助手的角色。口头语言早在人类社会形成之初就已出现，至今已经存在了几百万年，而书面文字的历史只有短短几千年。

（4）即便在现代科技手段的帮助下，口语也受到时间空间的制约。而文字不但能够记载古人的言语，还可以将信息传递到很远的地方。举个例说，为了记住一些重要的约会，我们最好还是把它们写下来，就像中国的一句老话所言，"好记性不如烂笔头"嘛！

（5）不同的国家使用的文字可以相同也可以不同。一个国家在自身发展中可以从他国借用文字。比方说，越南、日本以及韩国在各自的文字系统发展史上都借用了汉字。虽然在不同语言中这些汉字的发音不一样，但其书写却是相同的。

10.2 文字的历史

10.2.1 文字的来源

关于文字的发明者，几乎每一个古代文明都有相关的神话故事、传说和宗教著作，像中国的仓颉，他曾经是黄帝身边掌管史书的官吏。而在国外文明里，有希腊的神卡德摩斯，埃及的神托特以及伊斯兰教中的真主阿拉。虽然还没有任何科学证据能证明这些文字的来源，但我们可以注意到，自远古时代开始，人类就已经把文字当作了通讯的工具。

从我们的自身经历来看，我们可以发现，对于全世界所有的人来说，图像都要比文字更容易理解。不管一个人的母语是什么，他都可以对一幅画的含义进行猜测，但要是碰上了另一种语言的书面文字，理解就要困难得多。

在原始社会时期，虽然人类已经认识到了口语的局限性，但他们为了生存忙于和大自然斗争，尚没有时间去创造记录经历的东西。使用口语他们只能与其家人及邻居交换简单的信息，很难将积累的知识传递到较远的地区。随着人类社会的发展，人们之间的信息交换变得越来越频繁，急需一种能掌控此任务的工具。这就是文字系统最终形成的原因。

在文字形成的最早阶段，图像占据了其中很大一部分。这里我们可以来看一个美国印第安人文字的例子：

图 10-2

这幅图画记录了一个印第安人以物易物的过程。他用狩猎所得的 20 只海狸换了一只野牛、一只水獭和一只绵羊。他画出了所有的动物，代表狩猎的枪以及交叉的双手。但图中的动物并不完全是出于艺术方面的考虑，而是用来记录交换的条件。比如交叉的双手就代表交易，图左边海狸上方的横条则表示交换的数目。我们将这幅图画归入了文字的范畴，因为它已不是用作简单的描述，而是被用作记录事件。这样一来，即便对美洲印第安人语言一无所知，也可以很容易地读懂包含在这幅图画中的交易过程。

随着文字的发展，其图形的特征就逐渐被符号替代了。

10.2.2 文字的发展

由于疆土广阔，在我们的祖国——中国的大地上有着几百种方言。在秦朝以前，各诸侯国的文字都不一样。后来秦始皇颁布圣旨，要求在全国范围内实现度量衡、货币和文字的统一。这次统一标准的推行使得中国老百姓能够忽略口语的不同而进行跨越地区的界限的交流。

因为文字来源于图画，所以文字的第一个阶段被命名为**图形文字**时期。这类文字具有实物的特征。很多中文汉字都来源于图形文字。我们可以看一些例子：

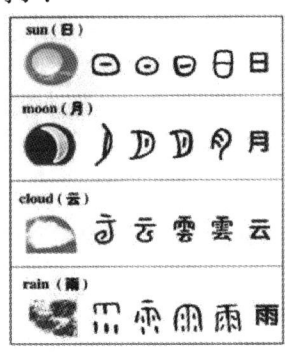

图 10-3

其他的古代语言同样如此，比如古埃及文字：

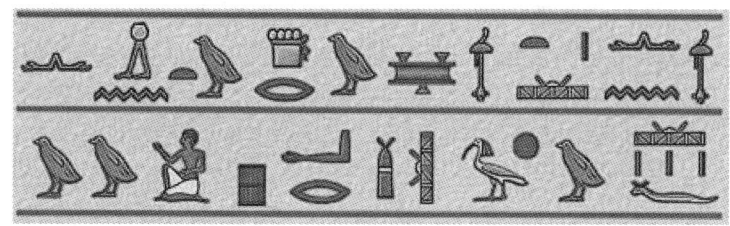

图 10-4

古代埃及的文字被称之为**象形文字**，它们与图画很相似，但本质上却不一样。象形文字是语言的记号，可以表达意思并有着固定的发音。在电影"木乃伊"、"蝎子王"、"古墓丽影"及其他科幻电影中，我们可以看到主人公试图理解刻在古代埃及法老陵墓中奇特的符号的场景。除非受过这方面的专业训练，否则你是不可能看懂这些符号的。但它们绝不是外星人造出的密码，只不过是古代文字而已。

但为什么它们如此难懂呢？因为它们属于非拼音文字系统，而且字符和意思之间没有固定的关系。举个例来说，埃及王后阿蒙赫克谢普瑟夫的坟墓就使用图画文字记录了国家文献和一些重要历史事件。有着宗教含义的图画文字还被刻画到墓墙和木质棺材上面。最早有据可查的埃及图画文字系统应出现在公元前 3300 年到公元前 3200 年之间。

在象形文字阶段之后，文字进化到了**表意文字**阶段，这里的表意文字指的是意化图形或者意化文字。在这一时期，人们对图画文字的意义范围进行了扩展。字符不仅可以用来指称具体的事物，而且可以指称抽象的概念。比如一个人的符号和一个木头的符号就表示休息。但表意文字也有它自身的缺陷，因为古人不知道自己语言的发音系统，这样一来，在解释一些特殊的表意文字的时候就会产生混乱。

与此同时，在古国埃兰产生了所谓的埃兰古文。该文字系统迄今仍未被破解，我们只能说它属于**形声文字**（即周杰伦的一首流行歌曲《爱在西元前》提到的文字）。在该语言及其后来者中，比如安那托利亚语，人们借用**音节表**（一套音节符号即称为一个音节表）来书写自己的语言。在公元前 2 世纪的下半世纪，音节表最简单和最精简的形式（即辅音和任意元音组成的音节符号）被出身埃及的巴勒斯坦和叙利亚的闪米特人借用。最早的半拼音化文字被认为是西奈半岛古文，大概成型于公元前 1500 年左右，还有一种此类文字形成于大约公元前 1300 年左右。该地区的人们还发展了相近的文字系统，而希腊人则借用了腓尼基人的文字系统。希腊人完成了将辅音从元音中分离这最后一步，并把它们分别书写，在公元前 800 年的时候终于创造出了**拼音文字系统**。

在 15 世纪中期，随着印刷术的发明，文字的影响得到了彻底扩大。书面文字的读者群更加广阔。可读书籍的大量增加使得受教育的人数缓慢但稳定地增加。在此时期之前，书面文件都局限在神学著作的编撰之中，后来逐渐扩展到了社会活动的各个领域。另外印刷术和大规模的书籍生产还起到了标准化的作用。拼写和词汇的变化越来越慢，语言使用的连续性也得到了加强。但是，印刷术使年龄和知识之间的联系变得松弛，年纪大再也不是不可动摇的权威标准。

10.2.3 电子文字

自从进入 20 世纪 90 年代以来，我们的日常生活开始被越来越多的尖端通讯技术充斥。这里我们有必要看一下个人是如何在信息饱和的环境中构建和处理其生活的。**电子文字**和传统的纸印文字大不一样，它可以加入视觉和听觉信息，作为辅助工具来进行更好的表达。

当今的因特网是建立在**超文本链接标示语言**之上的。所以如果你掌握了该种语言的话，你就可以在书写中改变文字的颜色，添加图片、声音、动画和视频片断。

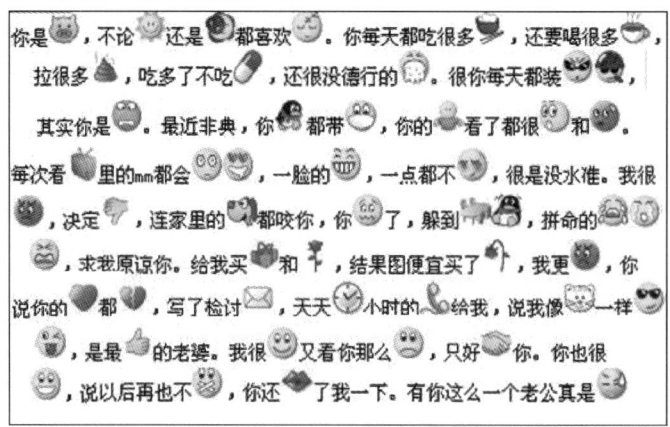

图 10-5

电子文字既不属于书面语言也不属于口头语言的范畴，而是介于这两者之间。它有着口头语的非正式性和自发性特征。保迪亚（Bordia, 1996: 150）简要地将以计算机为媒介的通讯方式归纳为"结合口头文体与书面文体的通讯方式"。

在**网络空间**里，人们通过**电子邮件**、**电子公告牌系统**（BBS）及**网络聊天**来进行交流。在这些通讯媒介中，传统语言系统中的手势、面部表情以及其他的"言语行为"元素都不复存在了。但是，电子文字通过被称作"**笑脸符号**"或"**表情符号**"的手段达到了与口语交流相同的效果，这种方式是在1980年由斯科特·福尔曼发明的（Hightower and Sayeed, 1996）。迄今为止，表情符号已经存在了23年，被广泛应用于因特网的各个角落。表情符号是由键盘上各种键符组合而成的，通常侧过来读。由于表情符号只需要简单敲击几个键就可以表达出你的情感，比文字表达更快，所以在电子邮件中使用表情符号可以节省更多时间和空间。另一方面，这些小把戏可以让你看上去更聪明。从用户的角度来看，因为大部分用户都要为其网络链接付费，表情符号的使用可以使你花费更少的时间去下载和读取电子邮件。

表情符号中最常见的可能就是"笑脸":-)了（表示幽默、大笑、友好，有时候还可代表讽刺），另外还有:-("皱眉的脸"（表示难过、愤怒或者烦乱），"半个笑脸";-)，也可以称之为"不完全的笑脸"或者"眨眼的笑"。电子邮件的作者经常会添加一个;-)来表达对某事故意的或明显的嘲笑。表情符号本身具有和附加说明一样的作用。

例 10-1

  你真是个聪明的女人。:-)

  你真是个聪明的女人。〈 * smile * 〉

由于各种各样的原因，有些甚至是十分愚蠢的原因，很多人创造出了各种表情符号。所以不要设想所有人都能明白你所用的表情符号的意义。比方说，你可能会看见像下面一样的"名人"表情符号，但如果不看旁边的解释，你能猜出其真正意思吗？

例 10-2

  o-) 泰坦神（希腊神话中的独眼巨人）

  B-| 蝙蝠侠

虽然这些图标可能会给读者带来一种友好和不拘一格的感觉，但你必须肯定你的读者能够理解其含义，否则它会造成错误理解和问题。一些因特网写作专家警告，表情符号的过度使用是一种失败的标志，他们建议表情符号的使用一段话不超过一个。

电子文本中另外一个经常使用的手段是**首字母缩写词**系统。首字母缩写来源于希腊文：acro 为头的意思，num 是词的意思。它使用的目的是为了加快信息的读取和发出，弥补了在网络上说话不够快的缺点。加上一些句法手段的使用，比如 "..." 和 "!!"，它们可以表达口语的犹豫、停顿或高声等特征。在口语中我们可以 "将意愿、想法、感情转化成连贯的发声语言"（Levelt, 1989）。在因特网文本中，我们也明显地感觉到了传达相同特征的要求。这些键入的提示可以被看成是和口头语言之间的联系。举个典型的例子，我们可以看一下网络聊天中的交流。在网络聊天中，最重要的特征是速度必须要快。为了跟上多人交流的节拍，打字的速度几乎要达到自动的水准。很多首字母缩写词和**缩写词**已经在网络聊天中固定了下来，几乎所有的用户都知道其含义并经常使用。比方说，LOL（大声笑）、BRB（很快回来）和 CU（回见）就是在网络聊天中经常会遇到的。同样地，也有一些人，特别是刚刚接触因特网不久的新来者，会对这些缩写词感到很困惑。所以，如果这些缩写词要读者花费更长的时间才能猜出其含义，我们最好不要为了节省几笔而使用它们。这里举几个例子：

例 10-3

    GIGO——无用输入、无用输出

    FYI——作为参考

    F2F——面对面

    IMHO——依愚拙见

如果你对文字系统的电子部分感兴趣的话，可以上网到有关表情符号和首字母缩写的网站上获取更多的信息。

10.3　文字系统

语言表达的元素可以是单词、音节或者是音素（一种语言中分辨两句不同的话的最小单位）。所以，文字系统也可以被归纳为三类：形素文字、音节文字和拼音文字。其中形素文字是通过书写符号与其意义联系到一起的，而后两者则通过发音与书写符号联系到一起。

10.3.1 语标文字系统

首先作者想请问大家一个问题："为什么树中有太阳就代表东方呢？"如果你被这个问题搞得不知所云，你可以来看一下繁体汉字"東"，该字将代表树木的汉字叠加到代表太阳的汉字之上，暗指太阳从树后方升起之意，即表示"东方"的概念。由于该字符直接表达了一个概念，所以我们将其称之为一个语标。比如 &，%，MYM 等常规缩写符号以及阿拉伯数字都是语标。在一些情况下，我们会发现一个形素符号是某物体的视觉表达或要表现的概念。比如说汉字"羊"，本身看起来好像一只长着犄角的山羊。

LANGUAGE	DIGITS
multiple	9 8 7 6 5 4 3 2 1 0
Arabic	٩ ٨ ٧ ٦ ٥ ٤ ٣ ٢ ١ ٠

图 10-6　阿拉伯数字

语标文字系统有利有弊。在中文中每个字都直接表达了一个意思，但却没有单独的发音。所以汉字"上"在英语中可以被翻译成"up"，无论它的发音是怎么样的，它还是保留相同的意思。汉语有普通话、广东话、客家话等 8 种主要**方言**，而这 8 种方言彼此之间的发音差异之大甚至比得上英语和希腊语之间的差别。但书面的汉字却可以被任何一种方言的使用者识别，而不用管它对应的口头语言是什么。就像阿拉伯数字 5 这个符号，不管你是用英语叫它 five 还是用法语叫它 cinq，它都代表了同样的意思。中文文字系统的这一特点在辽阔的中国大地上成功地促进了人们之间的交流，维护了中国文化的稳定性和连续性。在中国历史上，这一文字系统也起到了凝聚作用，促进了国家的统一。

语标文字系统通常包括数以万计的单独的符号。其结果是无论对本族语还是外语学习者来说这种文字学习起来都比较困难。一个人"只要"认识五千个汉字就能轻松地读报了。而所有的英语单词只需 26 个字母、一个点、一个连字符、一个撇号就可以表示。因此，很多学习中文的外国人抱怨汉字不易学也是可以理解的。

10.3.2 音节文字系统

音节文字系统使用符号来代表音节。与语标文字系统相比，音节文字系统需要记忆的量要少得多。音节结构相对简单比如辅音—元音（CV）结构的语言（如日语）适合采用这种文字系统，因为其音节类型的数量比较少。而英语和其他印欧语如采用这种方式书写效率就很低，因为这些语言音节结构比较复杂（例如，splints 的音节结构是 CCCVCCC，并且还有很多更复杂的结构）。

图 10-7

以日语为例，日语大约有 100 个音节。大多数词的音节都是 CV 类型，也没有辅音群。日语有两个音节表：主要用于外来词的**片假名**和用于本土词**平假名**。每个音节表包含 46 个符号，称为**假名**。假名是在汉字的基础上简化而来的。理论上说，所有的日语词都可用平假名书写，但**汉字**也被用作动词词根以及减少同形异义词的歧义。汉字已经称为了日本文化的一个有机组成部分，难以舍弃。

10.3.3 拼音文字系统

拼音文字可分别表示单独的辅音和元音。对于给定的语句来说，拼音文字所需要的字符可能是最多的，但整个系统所需要的总字符数却非常少，所以字符非常简单。由于每个字符代表一个音素，作者想要表达的单词可以清楚地拼写出来，就不需要读者去补音了。

英语和大多数其他欧洲语言都采用拼音文字系统。目前朝鲜语也是拼音文字，其字母表称为**汉加字母**，有 17 个辅音和 11 个元音。朝鲜的世宗大王（1397—1450）认为使用三千多个汉字来书写朝鲜语对朝鲜人来说很难学习，为了提高识字效率，他发明了汉加字母。汉加字母的辅音在书写形式上描绘了发音部位和方式，而其元音是垂直或水平长线，有时上面还有小标记。这样，辅音和元音就很容易区分开。但朝鲜语也会借用汉字以减少歧义，汉字在朝鲜文化中仍是不可分割的一部分。

实际上任何一种文字都不可能以纯粹的形式存在，某类文字系统中的元素大部分能与另一种文字系统融合到一起。比如当代拼音文字系统中的阿拉伯数字符号1、2、3、4，虽然在不同语言中发音有所差异，但几乎在所有文字系统中都可以发现。

10.4 文字系统的革新和改革

下面是理查德·克罗赫一首诗的节选，生动地描述了英语发音和拼写的矛盾之处。

例 10-4

    Beware of heard, a dreadful word
    That looks like beard and sound like bird.
    And dead; it's said like bed, not bead;
    For goodness sake, don't call it deed!
    Watch out for meat and great and threat
    (They rhyme with suite and straight and debt).
    A moth is not a moth in Mother,
    Nor both in bother, broth in brother.

用书写形式来表示语言的一系列传统规则被称为**正字法**。文字系统一直以来都很保守。在过去，任何文字上的改变和修改都会遭遇到很大的阻力。即便是在今天，对拼写进行改革以消除书写习惯上的矛盾的努力依然受到国内某些团体的强烈抵制。由于这种保守性的存在，一个文字系统结构上的重大变化只可能发生在该国从另外一国借用文字之时。

现在大多数英语单词的拼写形式是以几个世纪以前的英语发音为基础的，那个时候，人们觉得没有什么必要保持拼写的一致性。很多拼写改革人士倡导拼写形式应与读音保持一致，反映词汇的发音。甚至现在广告商经常把 though 拼写成 tho，把 through 拼写成 thru，把 night 拼写成 nite。但是人们的拼写习惯不容易改变，也有很多人认为修改后的拼写形式是不标准的。不过，拼写和读音不一致的缺点可以被其优点抵消了，因为我们现在不需要翻译就可以很容易地理解人们几百年前写的东西。发音和拼写之间不可能保持一种完全对应的关系。如果我们想区别开诸如 the book was red 和 the book was read 这种句子，发音和拼写完全对应也不百分之百符合我们的愿望。

进行文字系统的改革有两种不同的方法：一种是改变文字的构成规则或书写顺序；另一种则是对文字的构造进行彻底地改变（比如将非拼音文字转变成拼音文字）或者用另一种拼音文字来代替原来的文字。

这里我们用我们的母语——汉语作为例子。一些语言学家认为，拼音文字系统是所有文字系统中最先进的，而拼音化则是大势所趋。在 19 世纪 40 年代鸦片战争之后，一些中国人也相信，不管汉字的书写是多么高雅，由于它本质上是词素型文字，所以汉字是世界上最难学习的文字之一。他们开始着手对汉字系统进行改革，即放弃原来的方块字，而使用和西方国家一样的拼音字符。一些爱国人士甚至为此付出了毕生的心血，但最后还是失败了。这是为什么呢？因为他们没有注意到各种语言自身的特点。

汉字的基本构成单位是方块字，而不是单词。这样一来，它就构成了一种特殊的单个音节语言，即"一个字，就有一个音节，并构成一个概念"。汉字的每个单位都和语言的语义部分有关，这一结构特点使其无法向拼音文字方向发展。

如果我们采用拼音文字来代替目前的方块汉字的话，那么在使用方面就会出现混乱和问题。举个例子说，光发"yi"这个音的汉字就有 91 个之多。你如何能区分"衣"和"医"这个读音一样的字呢？

明白了这点之后，我们对文字系统的改革和革新就会有一个明智的态度。

从上世纪起，人类就开始寻找一种能够作为世界语言的新型人造语言。新型的文字系统通常都基于标准的罗马字符键盘而设计，由于阻碍大众传播，一些比较深奥难懂的字符被抛弃。这其中一些发明的文字可以说是天才的设计，最有名的是**世界语**，从 1922 年开始它就接受了国际联盟的认真考虑和试验。但随着同声传译技巧的发展——世界语的用处变得越来越小，最终被很多国家放弃。

任何社会中的文字书写上的改变都和该社会发生的变化有关系，而文字系统则有着维持和改变社会结构的功能。它们是在教育方面行使控制功能的基本因素。比如国际性的英语文字就对我们教育和经济系统的概念产生了深刻的影响。

10.5 汉字

汉字系统的复杂性可以说是举世闻名。造成这一情况的语言因素有很多，包括经常使用的汉字数量庞大，汉字构成的复杂性，繁体汉字与简体汉字在各个方面（书写、语音、语义）存在的差异，以及繁体汉字在书写上存在的大量变体即异体等等。由于一些历史原因，汉字的使用不仅限于中国（大陆、香港、台湾、澳门），日本、朝鲜和新加坡等中国邻国也部分使用了汉字系统。

10.5.1 繁体字和简体字

为了使大家能明白繁体汉字与简体汉字之间的区别，我们可以来看一下两句分别以简繁两种汉字书写的同一语句：

例 10-5

（1）台湾是一个美丽的岛屿

（2）臺灣是一個美麗的島嶼

可以看出，后面一句中某些汉字的笔画要比前面一句来得相对多一些。简体汉字与繁体汉字之间是相互独立、互相依存的关系。大多数简体汉字都能在繁体字系统中找到其对应项，比如"门——門、岛——島、壶——壺"；而也有一些是没有的，比如"千"、"鼓"、"互"等。那为什么要对这些繁体字简化呢？因为它们的结构过于复杂，笔画过多，给人们的记忆造成了困难且书写费时。所以创建了一些简体字来取代那些复杂的汉字。在这一方面，我们应当认识到，简体汉字并不意味着它们都是以简单结构出现的。有一些汉字和几个世纪前是一样简单的，像"人、手、寸、工"等。同样的，复杂的汉字也不一定就是繁体字，"鹂"字的结构就很复杂但却是简体字。

在中华人民共和国成立之后，中国政府采取了一系列措施来提高我们这个新成立国家人民的受教育程度。这些措施中就包括对汉字复杂书写系统的简化，这使每个人在使用日常交流所需要的 2000 左右的汉字时更加简单。

繁体汉字要比它们的简体对应字体复杂得多，虽然在两种版本的汉字中有些概念性术语和惯用表达会有所不同，但大多数受过教育的中国人都能看懂简繁两种汉字。

一个汉字的笔画变少就更加容易记住，但这并不是主要的原则。过度的简化会造成混乱和误解。如果每个汉字都被简化到10画以下，那么其相似程度就会大幅度增加。而且文字系统应当具备一定的稳定性，才能得到更好的应用并用于教育。另一个必须提及的问题是简体汉字与繁体汉字之间的对应关系。一个简体汉字可能会有多个繁体字对应项，比如，简体字中的"发"字，其对应的繁体字就包括"髮"和"發"两个字，但我们能写"头發"或者"出髮"吗？答案当然是否定的，因为这两个繁体汉字的意思完全不同。

10.5.2 汉字与拼音系统

汉字曾被认为是世界上最不友好的计算机字体。但现在这个问题早已不存在了，因为已经出现了许多高效的汉字输入法。在计算机汉字编码方面，中国内地在1980年的时候推出了支持汉字的GB 2312编码以及计算机软件所需的字符集，其中包含了6763个汉字。后来该编码被GBK编码和GB18030编码取代。现在正在使用最新的2005年版国标GB18030编码，该编码包括70244个汉字，同时支持简体和繁体。台湾于1984年制定了第一个标准，名为Big5码，包含的汉字达到13053个。后来又出现了许多扩展版本，如Big5+，Big5-2003和HKSCS等。

拼音从字面上理解就是在汉语**普通话**中"根据发音进行拼写"，通常指**汉语拼音**，这是基于罗马字母之上的中华人民共和国普通话拼写系统。

拼音系统于1958年被中华人民共和国政府通过，并在1979年再次受到强调。拼音代替了原来的**威氏拼音法**，目前在中国使用广泛。国际标准化组织于1979年将拼音定义为现代汉语的标准罗马化方式。1998年，台湾当局通过了另一种类似拼音的系统，命名为**通用拼音**，它对汉语拼音的一些音符做了改动。但自2009年起，汉语拼音已成为台湾标准拼音系统。在新的汉语拼音系统下，音符的发音非常接近当代汉语的发音。比如苏州这个城市名，原来拼写为Soochow，现在为Suzhou，而青岛由原来的Tsingtao改为了Qingdao。

汉语拼音是用来拼写汉字的一种工具，汉语学校中进行拼音教育的主要目的是为了让大家学习普通话的发音。很多外国人有这样一种误解，认为拼音可以帮助儿童将具体汉字和他们已知的口语联系起来，但这是不正确的，很多中国人在家中并不使用普通话，一直到小学时代才会学习汉字的普通话发音。由于拼音使用的是罗马字母，所以对西方人来说其发音相对更简单易懂一些。

汉语拼音包括**声母**（辅音）和**韵母**（元音）两个部分。另外，拼音系统使用声调符号来表示普通话的音。汉语普通话共有 5 种声调，它们更多的是指汉语中各个字的声音升降。它们分别是：

第 1 声 阴平　（ ˉ ）
第 2 声 阳平　（ ´ ）
第 3 声 上声　（ ˇ ）
第 4 声 去声　（ ` ）
第 5 声 轻声

$$\bar{a} \quad á \quad ǎ \quad à \quad a$$

10.6　文字的重要性

对大多数语言学家而言，语言被定义为通过声音语言进行通讯的系统，这就反映了他们给予口头语言的重要地位。理由很清楚，我们生来就会说话，而读写则必须在教过以后才会，而且通常我们说的要比写得多。所有的人类文明，不管是古代的还是现代的，都是口头语言发展在先，文字系统发展在后。

然而，在文字系统形成之后，它在我们的社会中起了非常重要的作用。在像电话、电视、录像、录音机和因特网等现代传播媒介出现之前，文字是唯一可以使我们跨越时间和空间的障碍进行交流的途径。在文字的帮助下，我们才得以记载几千年来多彩的历史；我们不用长途跋涉就可以知道某地的风土人情、地形环境；只需瞄一眼报纸上的打折广告，我们就可以知道这些商场里的物品价格。如果没有文字系统，古人就无法建立强大的帝国，现代的先进科学技术也无从获取。如果没有文字系统，我们的生活环境将一直局限于一个很小的范围之内，那么人类文明的演进也就无从谈起了。除此之外，文字系统使人类事务中形成了系统的知识并为世界教育机构奠定了教与学的基础。它是人类文明中不可分割的一部分，大大加快了人类社会发展的步伐。

世界上主要的文字系统如表 10-1 所示：

表 10-1

文字系统			
古埃及文字	希腊字母（公元前 12 世纪）	拉丁字母（罗马字母） 1. 创始于公元 1 世纪 2. 26 个字母，6 个元音，20 个辅音 3. 被 60 多个国家的语言采纳，如英语、法语和德语等	
		斯拉夫字母 1. 创始于公元 9 世纪 2. 33 个字母，10 个元音，20 个辅音 3. 被俄语、乌克兰等采用	
	古埃兰语（公元前 10 世纪）	古叙利亚语	
		阿拉伯字母 1. 创始于公元前 2 世纪 2. 28 个字母	
		印度字母	
汉字——创始于公元前 22 世纪			

10.7　本章小结

作为口头语言的辅助的文字从古代就开始发展了。文字使人们能够超越时间和空间的局限进行交流。自文字产生以来，它已从象形文字时代发展到语标文字、音节文字和拼音文字时代。任何语言都有革新和改革。汉字自产生以来已经历许多变化。拼音作为汉语的罗马化记录方法被应用到汉语之中，并已在世界各地汉语学习中得到广泛应用。

参考文献

Baron, Naomi S. 2000. *Alphabet to Email: How Written English Evolved and Where It's Heading.* London & New York: Routledge.

Bordia, P. 1996. Studying Verbal Interaction on the Internet: The Case of Rumor Transmission Research. *Behavior Research Methods, Instruments & Computers*, 28: 2, 149–151. Oxford: Oxford University Press.

Boyd H. Davis & Jeutonne P. Brewer. 1997. *Electronic Discourse.* New York: State

University of New York Press.

Hightower, R. & Sayeed, L. 1996. Effects of Communication Mode and Prediscussion Information Distribution Characteristics on Information Exchange in Groups. *Information Systems Research*, 7: 4, 451 – 465.

Levelt, W. 1989. *Speaking. From Intention to Articulation*. Cambridge: Cambridge University Press.

O'Grady, William, J. Archibald, M. Aronoff and J. Rees-Miller, eds. 2001. *Contemporary Linguistics: An Introduction* (4th ed.). Boston & New York: Bedford/St. Martin's.

Stuart C, Poole. 2000. *An Introduction to Linguistics*. Beijing: Foreign Language Teaching and Research Press.

Warburton, Lois. 1990. *The Beginning of Writing*. San Diego, CA: Lucent Books, Inc.

(美) 弗罗姆金等. 2004. 语言导论（第7版）. 北京：北京大学出版社.

胡壮麟. 2001. 语言学教程（修订版）. 北京：北京大学出版社.

秦秀白. 2002. 英语语体和文体要略. 上海：上海外语教育出版社.

王振昆，谢文庆. 1998. 语言学教程. 北京：外语教学与研究出版社.

伊斯特林. 2001. 文字的产生和发展（第二版）. 左少兴译. 北京：北京大学出版社.

问题和练习

1. 中文是否可以被称为日文的祖先？
2. 我们为什么需要一个文字系统？口头交流在生活中不够吗？
3. 当今世界上主要的文字系统有哪些种类？
4. 中文文字系统首次统一是在什么时候？
5. 你能认出下图中的古代汉字吗？

6. 我们是否有理由认为基于拼音的文字系统是最先进的文字系统？
7. 你能猜出下列表情符号和首字母缩写词的含义吗？
    （1）   ;-)
    （2）   :-X
    （3）   :-P
    （4）   %-|
    （5）   N/M
    （6）   IM
    （7）   NRN
    （8）   C&P

第 11 章

语言的变化

> 大多数学者都同意,一种语言发生可见的变化时,就是它有活力的表现。如果这是真的话,那英语可谓精力充沛。这种变化,在任何语言中都可体现于语法和读音,但最明显的则见于词汇中。
>
> ——《牛津高阶英汉双解词典》
> 第四版增补本,p.1916

11.1 引言

HDTV, EVD, WiFi, nano, infotainment, vlog, cyberpet, SATA, satnav, fashionista, PSP……你听到过这些词吗？这些词都是在近几年英语中产生新词。这种新词在我们的日常生活中不断地产生，而英语词汇也由此而不断得以丰富。同时，你可能已经注意到，一些词汇已经"死亡"，在我们的日常生活中已经不再使用了。英国诗歌的奠基者乔叟所著的《坎特伯雷故事集》中使用的一些词汇如whan (when), Aprille (April), droghte (drought), roote (root) 等现在已不再使用。看看下面这个例子你就知道了。

  Whan that Aprille with his shoures soote
  The droghte of March hath perced to the roote…

而其现代英语版本对你来说就容易理解多了。

  When April with its sweet shower
  The drought of March has pierced to the root…

虽然词汇方面的变化最明显，但词汇上的变化仅仅是语言变化的一个方面。不过，这也表明了语言的一个重要特点：语言随着时间的变化而变化。没有任何语言一直保持不变。美国语言学家布龙菲尔德指出，一切语言都是发展的，而不是静止不变的。变化是经常性的——也是正常的现象。以英语为例，英语的历史被分为三个阶段：古英语、中世纪英语和现代英语。现在的英语同莎士比亚时代的英语相比是有很大不同的，英语在三个发展阶段之间存在相当大的差异。古英语与现代英语差别非常之大，甚至被一些以英语为母语的人视为一门"外语"。汉语的发展也是这样的。设想一下，如果你能够听到秦始皇时期的一段汉语的录音，恐怕你也不大可能知道录音到底在说什么，甚至会把录音中的语言当成某种外语呢。当然，语言从一个阶段到另一个阶段的变化不是突如其来的，而是渐进的。不然的话，人们在相互交流时就会有很大困难了。

我们知道英语存在不同的变体，如美国英语、英国英语、澳大利亚英语、印度英语、加纳英语等等。虽然所有这些英语变体来源都是相同的，但它们在词汇、语音、语法及意义方面都有不同之处。一种语言存在不同变体形式，这也是语言变化的明证。

语言的变化体现在很多方面，在这一章中，我们将涵盖语言在语音、语法、语义以及词汇方面的变化,并对导致语言变化的外部因素进行简要的探讨。

11.2 语言在各方面的变化

我们每个人都会注意到语言在我们日常生活中所发生的变化,因为新的词汇不断产生。除了词汇上的变化外,语言变化还体现在语音、语法和语义等方面。由于词汇方面的变化对我们来说最显著,我们就先从这方面开始。

11.2.1 词汇变化

任何一种语言都有大量的词汇以满足社会交流的需要。不过,一种语言词汇中的词是不断变化的,而不是不可变的。随着社会不停地飞速发展,一些词消失,而新词不断出现以满足表达新思想或命名新产品的需要。很多新词在经过一段时间后稳定下来,这些词进入主流英语,也被看作是英语词汇的有机组成部分。每隔几年,词典编纂者都会对词典进行修订,以把最近几年中所出现的一些新词包括进去。

图 11-1

11.2.1.1 已有词的变化

人们的生活方式、习俗、组织形式等等总是在发生着变化。用以表达这些概念或事物的词也不可避免地会发生变化，以适应新的情况。随着某种物品或某种生活方式的消失，指代它们的一些词也不再被人们所使用。要理解这一点，只要想一想文革时期的那些特有的词汇就可以了。现在那些专有词汇大部分都已不再使用。

已有词汇也可能在拼写上发生变化，这一点可以从古英语和现代英语拼写形式上的区别上看到，如下例：

例 11-1

古英语	现代英语
thou, ye, yee	you
hath	has
sup	south
sprung	sprang
niht	night
sayd	said
drugath	drought

当然，汉语在书写上也有从繁体汉字到简体汉字的变化，我们在上一章已经讨论过。

11.2.1.2　新词的产生途径

谈到新词的产生，我们有必要介绍一下构词法，因为英语新词并非是任意创造的，而是根据一定的规则进行的。汉语新词的情况也一样，当一个汉语新词出现时，通常是通过把已有的词或字组合而成，或是赋予旧词新的意义等。**构词法**有很多种，如**借词**、**合成**、**功能性转换**、**缩写**、**派生**、**缩合**、**新创词**等等。

（1）**借词**。英语在世界上被广泛使用着，是一种具有世界性的语言。越来越多的国际社会活动都以英语来进行。但英语对其他语言的影响也没有什么特殊的"免疫"功能，它也从许多其他语言借入新的词汇。英语的发展就是一个很好的例子，因为很多英语词汇是由法语和拉丁语而来的。当然，也有很多词是从各种各样的其他语言借入的。英语一直都是开放性的，能够接纳从其他语言借来的词汇。随着它的发展，很多借入英语的外语词汇成为英语的有机组成部分，并在这个过程中失去了原来的一些发音特征。

一种语言可以直接借词，也可以间接借词。直接借词是指这种语言直接从另一种语言中借入新词。例如，feast 一词是从法语直接借入的，wok 一词是从汉语直接借入的；algebra 一词是从西班牙语借入的，而西班牙语则是从阿拉伯语中借入的这个词，因此这个词是间接由阿拉伯语借入的。

在英语发展的过程中，法语、希腊语、意大利语、荷兰语、德语、西班牙语、汉语以及很多其他语言中的词被借入英语词汇之中。以下便是英语从其他语言中借词的例子：

例 11-2

法　　语：beef, mutton, détente, naive, laissez-faire, extraordinaire, bidonville, après-ski, government, crime, parliament, religion, value, liaison, etc.

希 腊 语：drama, comedy, botany, physics, zoology, atomic, etc.

意大利语：opera, piano, balcony, virtuoso, etc.

荷 兰 语：buoy, freight, leak, pump, yacht, etc.

德　　语：quartz, cobalt, beer, hamburger, etc.

西班牙语：barbecue, guitar, ranch, flotilla, siesta, etc.

汉　　语：wok, kung-fu, kowtow, paper tiger, feng shui, taiji, yin, yang, etc.

日　　语：jodo, karaoke, ikebana, geisha, etc.

英语借词非常广泛。在约 5000 个常用词中，约 73% 是借词。而在英语最常用的 1000 词中，只有 17% 为借词。在日常生活中，本土词汇的平均出现频率较高，因为很多本土词汇用法都很灵活，很容易与其他词汇结合在一起表达新的意义。

汉语也从其他语言那里借用词汇，也有很多词汇来自英语。汉语词汇"沙发"就是一个很好的例子，来自英语 sofa。你能想出汉语从英语或者其他语言借词的其他例子吗？

日语也大量借用了汉语词汇，日语的文字系统中就使用了汉字。你可以到一个日语网站上去看看网页上到底有没有汉字。实际上，许多日语文字与汉语文字是一起使用的。

我们知道在语言之间借词现象比较常见，而在发生在方言之间（如英国英语和美国英语之间）的借词现象也并不罕见。在过去的一个世纪里，在说英语的国家和地区中，大多数方言之间的借词来自美国英语。这些新的借词已经或正在促使源自英国英语的旧词消失。如下所示,美国英语词汇正在取代或已经取代了相应的英国英语词汇。

例 11-3

英国英语	美国英语
housey	bingo
bakery	baker's shop
minerals	soft drinks
pictures	movies
lorry	truck
chips	fries
crisps	potato chips

（2）**合成**。合成在任何词类中都可能出现,其中,产生合成词最多的是名词和形容词,其次为动词,但程度上比前两者要低得多。大多数英语**合成词**仅包括两个词,但其组成形式花样繁多,而且词与词之间的语法关系也相当复杂。而对于两个词以上组成的合成词,通常用连字符把组成合成词的短语或习语连起来组成一个独立成分,例如：stay-at-home, forget-me-not。英语合成词合成的形式几乎是不可尽数的,或许这也可以说明以合成的方式产生的词为什么那么多。当我们需要的某个词不存在时,我们有时只需选择一个短语或者甚至是一句话然后用连字符把每个词连接起来就可以了。这也是新闻记者的惯常做法。在媒体上,我们经常会碰到这样的说法：a *pain-in-stomach* gesture, *ahead-of-schedule* general election, *too-eager-not-to-lose* champion, a *middle-of-the-road* politician and *round-the-clock* discussion, 等等。其他一些通过合成的方式形成新词的例子如：soccer mom, generation gap, mail bomb, toy soldier, heart-bridging surgery, chat room, chick lit, asymmetrical warfare 以及 user-friendly 等。

（3）**派生**。新词可以通过给已有词添加词缀的方式派生出来,这一过程就被称为派生。通过这种方式形成的词叫做**派生词**。根据**词缀**在词中所处的不同位置,词缀主要分为两类：**前缀**和**后缀**。前缀加在新词之前,而后缀则加新词之后。前缀通常会改变**词干**的意义；后缀则不同,仅具有一些语义功能,其主要作用时改变词干的语法功能,换句话说,就是改变词类。

英语中能够形成新词的词缀非常丰富。前缀有 cyber-，in-，anti-，im-，bi-，mini-，tele-，de-等，后缀有-less，-ness，-ful，-holic，-mania，-er，-fy 等。cyberprivacy，cyberpark，anti-cnn，Obamafy，beerholic，movieholic 等新词便是通过在已有词汇基础上添加前缀或后缀形成的。

（4）**缩写**。缩写是指通过省略字母或仅使用每个词的第一个字母的方式把一个词、短语或名称变短的过程。新词可以通过这种方式产生。这即是说，我们可以通过"缩短"一个词或短语的方式得到一个新词。一般来说，有四种缩写的方式：**首字母缩略词**、**首字母缩写词**、**截断形式**、**逆构词**。

首字母缩略词、首字母缩写词是指以词或短语的起始部分来构成新词。这样一来，世界贸易组织缩写为 WTO，美国有线电视新闻网缩写为 CNN，万维网缩写为 WWW，超文本链接标示语言缩写为 HTML，视频高密光盘缩写为 VCD，获得性免疫功能丧失综合症（艾滋病）缩写为 AIDS，文件传送协议缩写为 FTP。那么首字母缩略词、首字母缩写词之间有什么区别呢？首字母缩略词要按字母拼读出来，而首字母缩写词则可被作为一个单独的词读出，而不是按字母拼读。首字母缩写词直到 20 世纪才为人所知，所以相对来说它还是一个新近产生的现象，但在英语词汇中已有很多这种词了。图 11-2 就是一个很有趣的关于首字母缩写词的例子。

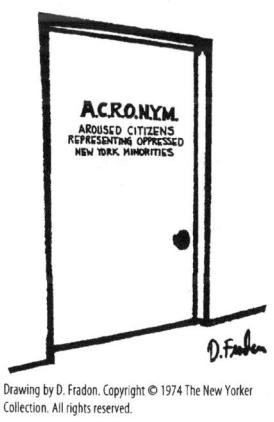

图 11-2　首字母缩写词

在上图中，ACRONYM 是指 Accused Citizens Representing Oppressed New York State Minorities，是不是很有趣呢?！首字母缩写词的一个较

新的例子对我们大家来说都很熟悉了：SARS。它是什么的缩写呢？对了。是 Severe Acute Respiratory Syndrome。你一定仍然对"非典"威胁我们身体健康的那段时光记忆犹新吧！一些国际组织的名称也给我们提供了不少首字母缩写词的例子。比如：UNICEF（联合国儿童基金会），UNESCO（联合国教科文组织），UNMIL（联合国驻利比里亚特派团），UNMO（联合国军事观察员），ASEAN（东南亚国家联盟），APEC（亚洲及太平洋地区经济合作组织）以及 ECOWAS（西非国家经济共同体）等等。

截断形式是指一个词的某些成分在日常使用中被丢弃之后所形成的词，这即是指把一个较长的词去除一部分后所留下的那一部分。例如：omnibus 一词已让位于其截断形式 bus。同样，plane 和 exam 在经常分别替代 aeroplane 和 examination 来使用。在现代社会，人们在写作和说话时都力求简洁以跟上新生活方式的快节奏，为节省时间，人们就可能使用常用词的截断形式。人们在网上聊天时尤其如此。

逆构词指的是把一个词想象出来的"词缀"删除从而形成的新词。例如 edit 这个词源自 editor，因为人们错误地把 or 当成了 editor 的后缀。Peddle, televise 和 enthuse 都是逆构词，分别源自 peddler, television 和 enthusiasm。

（5）**缩合**。缩合是指通过把一个词的词首部分和另一个词的词尾部分结合在一起形成一个新词。如下所示：

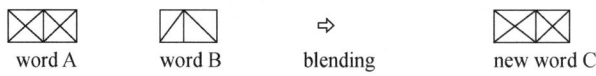

图 11-3　缩合的过程

这是一个缩短和结合同时进行的过程，这样所形成的词称为缩合词。例如：anacom 是由 analog 中的 ana 和 computer 中的 com 结合在一起所形成的。同样，cremains 是 cremated 和 remains 两个词的缩合。

当然，缩合词还有其他的构成方式。下面是另外一些例子：

cinema comlex　　⟶　　cineplex
airport hotel　　　⟶　　airtel
economical box　　⟶　　econobox
biological fuel　　 ⟶　　biofuel

```
psychological warfare  ⟶  psywar
hit sitcom             ⟶  hit-com
```

图 11-4

缩合词经常用于科技性文章或是报刊、杂志之中。虽然很多缩合词已成为英语中的常用词，但一些比较认真的人士仍然认为缩合词属俚语范畴，为非正式语言。

（6）**功能性转换**。词经常会随着时间的推移转换其语法功能，名词变化为动词，动词变化为名词，名词变化为形容词，等等。英语能够轻易地改变一个一个词的语法用途，尤其是从名词变为形容词或动词，以及从动词变为名词。这也称为**转类**。英语能很容易地从名词 bath 得到动词 to bath，从名词 e-mail 得到动词 to e-mail。名词 hog 的意思是猪，当用作动词时，to hog 的意思是贪心攫取。Google 一词本来是个名词，现在人们经常把它作为动词来用。如："If you don't know something, just *google* it on the Internet"。此处 google 的意思就是用谷歌搜索引擎来搜索。通过转类形成的词主要为名词、形容词和动词。而产生转类最多的则是在名词和动词之间。由于这种变化不是词形结构上的而是功能上的，这一过程就被称为功能性转换了。

（7）**创新词**。除了以上所谈到的构词法外，英语词汇还有一种有趣的来源，就是创新词。创新词包括商标名称、人名、地名等等。虽然商标是由某个公司所有，用于其特定种类的产品，一些商标变得很常见，人们也用其来指代类似的产品或物品。创新词的例子很多：Kodak, Coke, Google 等等。随着神舟飞船的胜利发射，另一个指代宇航员的词 taikonaut 出现了。这个创新词是专门用来指代中国的宇航员。创新词常常能在广告上看到。当然你也可以创造自己的新词，可能过上一段时间也会被其他人所接受，这可说不准。所以你也能在创造新词方面发挥自己的创造性。

11.2.2 语音变化

11.2.2.1 元音

如果把古英语和现代英语作比较，我们很容易就可发现语音上的区别。例如乔叟文学作品中把 clean 和 mean 押韵，而没有把 clean 和 green 押韵。他没有让字母组合 ee 和字母组合 ea 押韵是因为在乔叟那个时代，这些元音的发音是不同的。莎士比亚作品中 break 和 speak 押韵，die 和 joy 押韵，grace 和 grease 押韵，而这些在现代英语中已经不再押韵了。

中世纪英语和现代英语之间的长元音的变化被称为**主要元音转移**。这是一个渐进的过程，大约发生在 1400 — 1600 年前。所有中世纪英语长元音的音位都升高（/iː/和/uː/除外，因为它们已是最高音位），而最高音位的元音变成了双元音。例如：

例 11-4

中世纪英语		现代英语	
ous	/huːs/	house	/haus/
wif	/wiːf/	wife	/waif/
ham	/hɔːm/	home	/həum/

11.2.2.2 辅音

辅音在语言的发展过程中也表现出变化的迹象。mobile, regular, possible, legal 这些词的否定形式分别是 immobile, irregular, impossible, illegal。但从词源上来说，否定前缀 im-, ir-和 il-应该是 in-。这是**同化**的结果，也就是说，相邻近的两个音变得相似起来。

当然也有语音**异化**的情况。当一个词中两个相似或相同的音中的一个变得与另一个不同的时，语音异化就产生了。marble 一词曾经有两个 r（源自法语 marbre），但现在第二个 r 已经变成了 l。同样，pilgrim 是由 peregrine 而来的，这是另一个从/r/变为/l/的语音变化的例子。

不仅一个独立的辅音可能发生变化，辅音群也可发生变化。以现代英语中的 fish 和 ship 为例，其中/ʃ/是由/sk/变化而来的，他们相应古英语形式及发音分别为：*fisc*/fisk/ and *scip*/skip/。这就表明，上面辅音群的发音已经经历了一个简化的过程。在语音的发展中也有语音失落的现象。古英语词 *wringan*（wring），*hring*（ring），*gnagen*（gnaw）以及 *hnecca*（neck）在发音中都以两个辅音开始：/wr/，/hr/，/gn/以及/hn/，但是它们的现代英语形式都只是以一个辅音开始，即原辅音群中的第二个辅音。因此，以前就曾经发生过从/wr/和/hr/到/r/，以及从/gn/和/hn/到/n/的语音变化过程。而在很多情况下，英语仍保留了与旧的发音相关的单词拼写形式。

11.2.2.3　语音变化所涉及的过程

（1）**同化**。这是一个音变得与其相邻的音在某些特征上相似的过程。我们前面已经举过例子并很容易举出更多的例子来：impolite，irresistible，illegitimate 等。你想到哪些例子了呢？在日常口语中，像 *good* 之类的词最后的"d"会被紧随其后以辅音开始的词的第一个音同化。因此，*good boy* 的发音就像是 *goob boy*，而 *good girl* 的发音就好像是 *goog girl* 一样。

（2）**异化**。如果两个相同或相似的音中的一个变得与另一个不同，这个过程称为异化。和同化过程相比，这一过程在英语中更少见一些。

（3）**语音失落**。语音失落是指在语言语音系统的发展过程中某些音的消失或是某个词发音中某些语音的消失。作为英语学习者，我们知道/x/这个语音并不是现代英语语音系统的一部分。不过，这个语音在古英语中存在。古英语词 niht（夜晚）的发音为/nixt/，draugath（干旱）的发音为/druxt/，holh（空）的发音为/holx/。/x/这个语音的失落发生在乔叟和莎士比亚时代。

（4）**语音添加**。语音添加是指在一个词的原有的发音序列上又添加了一个元音或辅音。古英语中没有 leisure 和 confusion 中/ʒ/这个音。通过"腭音化"这个过程，一些/z/音被发成了/ʒ/，最终语音/ʒ/成了一个单独的英语语音。

（5）**音移**。音移是另一种语音变化，是指语音在位置上的变化。音移本来是一种语误，但却被逐渐忽视并被言语集团所接受。例如：bird 一词在古英语中原本是 brid。ask 一词在古英语中的发音原本是/aks/。

11.2.3 语法变化

11.2.3.1 句法变化

语言也在语法上发生变化,尤其是在句法结构上。

公元前 18 世纪到公元前 12 世纪的赫梯语为我们理解从"宾语—动词"结构向"动词—宾语"结构的转化提供了素材。

现在,我们通过在形容词后面加上 -er 或者在形容词、副词的前面加上 more 构成比较级形式,通过加上 -est 或者在前面加上 most 构成最高级形式。而在 15 世纪,英语中有双比较级和双最高级形式,比如 more gladder, more lower, moost royallest, moost shamefullest 等,但现代英语则没有这样的用法。

表达否定的句法规则从古英语到现代英语也发生了很大的变化。在现代英语中,我们通过在小句的主要动词前、助动词后加上 not 来表达否定意义,如果没有助动词时则需要 do 或 does 来配合。我们也可以通过加上 never 或 no 等词表达否定意义。例如:

例 11-5

He is a student. →	He is not a student.
He will go to school. →	He will never go to school.
He works hard. →	He never works hard.
He wants flowers. →	He wants no flowers.
He went to the cinema. →	He did not go to the cinema.

在莎士比亚时代,否定意义通过在句子尾部加上 not 来表达,如:"I love thee not, therefore pursue me not"。在古英语中,否定是通过在助动词或动词前加上 ne 或 na 来表示,双重否定也是符合语法的。例如:

例 11-6

古 英 语:Tæt   he   na   sippan   geboren   ne   wurde
　　　　　that   he   never   after   born   not   would-be

现代英语:that he should never be born after that

在带有所有格标记 's 的所有格结构方面,我们现在可以使用这样的表达方式:"The girl whose sister I'm dating's roommate is pretty"。但在中世纪英语中,我们就要使用 of 短语来表达同样的意思了("The roommate of the girl whose sister I'm dating is pretty")。在乔叟时代,像 the Queen of England's crown 这样的表达方法是不符合语法的,应该是 the Queen's crown of England。但是现在,前一种说法在现代英语里是可以接受的。

11.2.3.2 形态变化

在英语的历史发展过程中，形态规则也发生了许多变化。英语的形态变化大致上是朝着屈折变化方面的减少和简化这一方向进行的。老版本的英语比现代标准英语有更多的屈折变化系统。在古英语中现在时态有四种不同的形式，而现代英语中只有两种不同的现在时态。我们可以动词 help 为例说明这一点。

例 11-7

古英语		现代英语	
ic	helpe	I	help
thu	hilpst	you（singular）	help
he/heo	hilpth	he/she	helps
we	helpath	we	help
ge	helpath	you（plural）	help
hi	helpath	they	help

现代英语的名词也没有性的区别，而古英语的名词则区分三种性，如下所示：

例 11-8

古英语	现代英语
Tha stan*as*（masculine）	the stones
Tha gief*a*（feminine）	the gifts
Tha scip*u*（neuter）	the ships

古拉丁语有着复杂的格词尾系统，这些格词尾根据名词在句子中的功能添加到名词词干上。拉丁语有 7 种格，分别为主格、所有格、与格、宾格、离格、呼格和方位格。古英语也有丰富的格词尾系统，而在现代英语中格词尾则几乎消失。例如：

例 11-9

格	古英语单数形式		古英语复数形式	
nominative	stān	stone	stānas	stones
genitive	stānes	stone's	stāna	stones
dative	stān	stone	stānum	stones
accusative	stān	stone	stānas	stones

11.2.4 语义变化

词在语言中也会有语义上的变化，即意义上的变化。语义变化在创造新词上也起着重要的作用。下面所列为语义变化的一些途径。

（1）词义扩大。**词义扩大**是指延伸一个词的原始意义，使其意义更为广泛的过程。bird 一词是一个很好的词义扩大的例子，因为在中世纪英语中，它指的是幼鸟，而现在则是指所有的鸟了，不论其年龄的大小。thing 这个词是词义扩大的一个经典例子。在古英语中，它的意思是"公共集会"，而在现代英语中，其词义大大延伸，指"各种存在物"。butcher 这个词曾经仅仅指"杀山羊的人"，但现在它的意义更广了，不仅可以指"杀各种动物的人"，还可以指"在店铺里切肉卖肉的人"。同样，picture 一词曾经只是指"画出的图像"，而现在这个词则还可以指你数码相机拍的照片了。下面是一些其他关于词义扩大的例子：

例 11-10

virtue	a characteristic associated with men → a characteristic associated with both men and women
holiday	A religious holy day → a day for rest
quarantine	forty days (isolation) → a period of time under enforced isolation
companion	a person with whom you shared bread → a person who accompanies you

（2）词义缩小。**词义缩小**是指限制一个词的原始意义，使其只具有某一特定意义的过程。meat 现在是指肉类的食物。但在钦定本《圣经》中，它指的是所有食物。因此，它的意义就经过了一个词义缩小的过程。同样，deer 一词现在特指某一种动物，而在中世纪英语中，它泛指所有动物。starve 这个词意思是"由于饥饿而死亡"，但在古英语中，它所对应的词的意思更广，泛指死亡。如果你饮酒，你可能在知道 liquor 这个词原本与液体具有相同的意义后感到很奇怪，因为现在 liquor 是指通过蒸馏的方式而生产出的一种酒精饮料。

例 11-11

| knight | youth → a medieval gentleman-soldier |
| wife | woman in general → a particular kind of woman |

girl　　　　　young person of either sex → a young woman

hound　　　　dog → a special kind of dog

（3）意义转移。随着时间的推移，词也可能发生意义转移。词因为使用环境的变化自然而然地会发生意义转移。意义转移应与词义扩大以及词义缩小区别开。意义转移使一个词由于其比喻性的用法而改变原来的意义，产生一个完全属于不同领域的意义。例如，gay 这个词本来意思为"高兴、快乐"，但现在经常用来指同性恋，原有的意思几乎消失了。所以你要用这个词的时候一定要小心了。Bead 一词原来的意思是指"祈祷"。在中世纪时期，人们习惯于在祈祷时用念珠来数它们祈祷的次数。后来 bead 的意义就从"祈祷"的意义上发生了转移，从而指祈祷时可看到的符号——念珠。最终，bead 有了现在的意义，指"玻璃、金属或木质球形小珠"。一位美国作家曾向记者抱怨说："出版商只愿意印刷卡迪拉克的名字，而我想自己只是个大众而已。"在此，汽车的名称有了新的意义成为新词。

11.2.5　拼写变化

对于有文字系统的语言来说，语言变化的另一个重要的方面是书写或拼写上的变化。人们一般认为书写是英语语音系统的反映，语音系统的变化自然会导致拼写的变化。在上述对语言变化的讨论中，我们已经看到许多现代英语与古英语或中世纪英语在拼写形式可能具有很大差别的例子，而我们也可在图书馆很容易找到更多的例子。

Jesus 一词曾被拼写为 Iesus，sun 一词曾被拼写为 sunne，这是因为它们现在的发音和过去的发音不同了。这两个词以前的拼写方式代表了它们老的发音。不过，英语的拼写方式也可能不因其语音的变化而变化，这就造成一些英语词汇的拼写形式和其发音不一致，也证明它们以前的发音发生过变化。例如：像 night 之类的词就表示它之前有另外一种发音，gh 代表了它以前发音中存在的一个音。此外，/k/ 这个音曾经存在于像 knife，know，knight，knock 之类的词中，而 chicken 和 cheese 中 ch 的发音曾为/k/。

当然，还有很多其他原因导致拼写发生变化，比如印刷技术、一个国家的语言政策、个人偏好等等。

11.3 语言的生与死

11.3.1 语言的产生与消亡

世上现存的语言约 6000 种，每一种语言都有一个源头，是逐渐在劳动过程中出于实际需要发展起来的。许多不同语言的存在也是世界多样性及文化多元性的表现。不过，这也为说不同语言的人互相交流带来了困难。人们一直梦想着能有一种所有人都会说都能理解的语言，这样的话交流就方便多了。

世界语的发明就是在这方面的一个尝试，它的目的就是促进不同语言的人们之间的交流。世界语是由波兰物理学家柴门霍夫于 1887 年创立的一种作为国际交流媒介的人工语言。然而直到现在，它作为一种国际语言也算不上是成功的，因为说世界语的人还是太少了。

英语的影响力正在增强，在国际活动中使用得越来越普遍。在世界上所有语言之中，以英语作为外语的人数量最多。英语可能成为"通用语"吗？其他语言在遥远的将来都会消失吗？没有人能够给出一个确切的答案。

我们能够确定的是世界上语言的数量正不断减少。每年都会有一些语言消亡，不再有人说。那些濒临消亡边缘的语言被称作濒危语言。

语言消亡的方式分为四种：**突然式语言消亡**、**激进式语言消亡**、**渐进式语言消亡**和**自下而上式语言消亡**。

突然式语言消亡指的是由于疾病、自然灾害或战争所有说某一种语言的人全部死亡。

激进式语言消亡与突然式语言消亡不同，指的是所有说某一种语言的人由于受到政治压迫或者种族灭绝的威胁而停止说自己的语言。从历史我们可看到许多外来侵略者曾试图用自己的语言来取代当地土著语言。法国作家都德所写的《最后一课》你可能很熟悉吧？当时，普鲁士禁止法国人实用自己的语言。幸运的是，法语从可能发生的激进式语言消亡威胁下幸存了下来，其部分原因也在于以法语为母语的人比较多。

渐进式语言消亡是语言消亡的最常见的方式，受另一种处于支配地位的语言影响且人数较少的语言通常会发生这种现象。当新的一代说这种语言的人越来越少时,这种语言语言最终将随着最后一个说这种语言的人的死亡而消亡。许多美洲印第安语言都是经历了渐进式语言消亡这一过程而灭绝,其他美洲印第安语言也正经历这一过程,因为他们的孩子仅仅学习其母语的20%。

自下而上式语言消亡指的是普通人在日常生活中已不再使用某种语言,这种语言的使用仅仅局限于宗教仪式以及学术场合。拉丁语就是这么一种语言。

图 11-5

语言的消失在历史上并不新鲜,但在现代社会语言消亡的规模是前所未有的。这其中最根本的原因是从前孤立的人类群体之间的接触越来越多。语言需要一定程度的孤立从而发展并保持其特征。当孤立结束后,地方语言常常随着传统生活方式的消失而消失。随着大众传媒和互联网的发展,少数人所持有的语言正面临这越来越多的挑战。由于大多数资料都是用最常见的语言保存的,少数语言群体必须要学习主流语言才能了解这个世界。另一方面,持少数语言的人可能会自愿决定转向主流语言,因为主流语言更"有用",而且给个人发展带来了更多机会。这是语言灭绝的另一个重要原因。另外,政府政策也对许多少数语言的衰落或消亡起到了促进作用。美国和澳大利亚都曾强迫土著部落的儿童学习英语,把他们从他们父母那里带走。对于具有语言高度多样性的国家如坦桑尼亚来说,政府常常鼓励人们放弃当地语言说官方语言以培养国家身份认同感。许多国家虽然也可能愿意保护濒危语言，但也常常鼓励语言的统一性而不是鼓励语言的多样性。为了提高交流效率，所有国家的官方语言都只限于一种或两种。当然，成本也是要考虑的一个最要因素，因为以多种语言提供政府服务或教育资料会增加政府支出。例如，在印度存在350多种语言，只有英语和印地语是官方语言。

11.3.2 濒危语言保护

许多语言学家预测，在将来100年之中，目前世界上现有的6000多种语言之中有一半将会消失，大约每12天就会有一种语言消失。由于很多语言都成了濒危语言，语言学家已努力通过研究、描写以及记录这些语言各个方面的信息来进行保护。对濒危语言的保护也得到各种机构甚至是政府的资助。增加濒危语言使用的工作通常集中在教育上，因为教育儿童使用本族语（起码在低年级阶段）是维持语言的一个重要因素。在美国夏威夷州，岛上的土著语言——夏威夷语正作为当地文化的一个象征在当地学校教授，而且这个项目已经取得了显著成绩。联合国教科文组织也把保护濒危及正在消亡的语言视为一项迫切的任务。

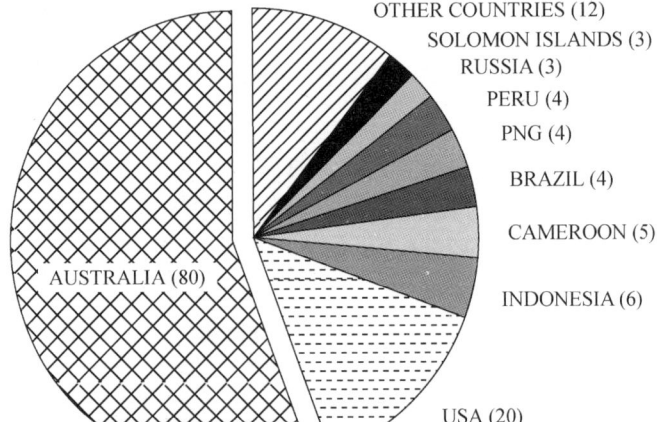

图 11-6

既然每种语言都有一个开端，理论上说，也就终究会有消亡的一天。生与死只不过是所有有生命的事物无法避免的自然过程而已。为什么语言学家要努力保护濒危语言呢？这是因为每种语言都有自身的价值。

每种语言都把一种文化集体产生的智力成就以字词、语法、文学、仪式语言等等形式储存起来。通过语言，文化得以保持和延续。对于一个土著民族来说，其语言的消亡可能意味着文化身份的丢失，因为语言是表达个人与集体之间联系的最明显的方式之一。另外，不同的语言表达思想和态度的方式不同，体现了一个民族不同的世界观。一种语言的消失通常意味着与之相关的世界观也随之消失。保护濒危语言的努力也与研究普遍语法有关。语言学家研究的语言越多，语言理论就会越全面，我们就越接近于确定所有语言均具备的特点是什么。

选择说哪种语言的自由也被认为是人权的一部分。一些人可能会决定采用某种主流语言以改善其生活环境。然而，很多人并没有这种选择的机会；他们由于自己的语言正迅速地消亡而不得不被迫说一种主流语言。很多人正努力保护濒危语言也是出于这个原因。

对于许多少数语言来说理想的未来是与处于支配地位的语言共存。人们可以在小范围内使用自己的语言（在家、朋友之间、社区内部），在工作、与政府打交道以及在商业活动中使用处于支配地位的语言。这样，许多小众语言就能够维持其文化和语言身份而不会被迫消失。双语教育在可能的地方也应加强以维持文化多样性并帮助少数群体适应主流社会。

11.4 语言变化的原因

语言变化有很多方面的原因。由于语言在词汇上的变化最明显，我们将主要从这一方面讨论语言的变化，尤其是从新词的产生这方面来谈。词汇变化反映了世界的变化。

11.4.1 政治因素

政治因素在语言的变化重起着重要的作用。政治事件、政治人物、政治运动、政治团体、政治政策都可能导致语言的变化。有时，语言会发生剧烈的变化，尤其是在社会政治变革之际。

例如，2001年9月11日恐怖分子对美国纽约世贸大厦的袭击导致许多新词的产生。其中之一是 Ground Zero，用以指代恐怖袭击后世贸大厦所留下的废墟。而 9.11 也具有了特别的意义，特指那时的恐怖袭击。甚至 Osamaniac 一词也出现在媒体之中，这个词用来指代疯狂爱慕奥萨马·本·拉登的女性。

奥巴马当选美国总统后，我们可发现出现了 Obamacize，Obamafy，Obamanomics，Obamania，Obamamentum，Obamican，Obamabot 等词汇。这些词被称为 Obamaspeak。奥巴马的两个前任克林顿和小布什在任期间也出现了许多类似的新词。

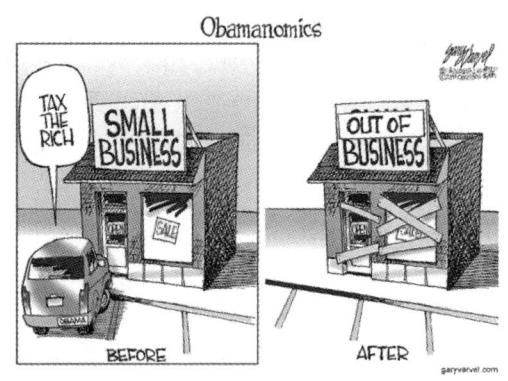

图 11-7

欧洲联盟作为一个政治性组织成立于 1992 年，这也导致了 EU 的出现。对欧盟的作用持怀疑态度的人被称为 Euro-sceptic。欧洲联盟成员国采用统一的货币导致了新货币——Euro（欧元）的出现。为应对飞速变化的世界政治形式，minisummits（小型首脑会议）经常召开。目前虽然世界大战不可能发生，但地区冲突不断。jungle war（这也导致了丛林战）、special war（特种战）psywar（以及心理战）等词的产生。我们经常能听到这些组织：Hamas（哈马斯）、Tamil Tiger（泰米尔猛虎）、Taliban（塔利班）等，维护和平的进程困难重重。

11.4.2　科学技术

随着科学技术的迅速发展，科技方面的新词也已相当快的速度出现。像 digital audio broadcasting（数码音频广播）、DVD（数字化视频光盘）、PDA（掌上电脑）、MPEG（运动图像专家组，一种压缩比率较大的活动图像和声音的压缩标准）和 JPEG（联合图像专家组，一种压缩标准）这些新词都是科技迅速发展的结果。科学技术领域可能是新词最活跃的来源，尤其是在现代社会。从科技领域产生的新词源源不断，不可胜数。

关于宇宙奥秘的研究产生了如 cold dark matter（低能不可见物质）、hot dark matter（高能不可见物质）、mixed dark matter（混合不可见物质）以及 weakly interacting massive particle（低作用力质子）这样的新词。根据 supersymmetry（超对称性）理论，在这个物质世界上有 selectron（超对称电子）、squark（超夸克）、sneutrino（超对称中微子）、sparticle（超对称粒子）、slepton（超对称轻子）等物质。

其他科学研究领域也为英语词汇增添了新词。对蛋白质系统机制的发现使遗传学成为新词产生的一个丰富的源泉。很多疾病都是与基因相关的，科学家确定基因序列的速度越快，他们查明疾病原因的速度就越快，这样就能尽快地找到治疗的方法。leptin 一词是神经传递素之一，它是从希腊语"瘦、薄"派生出来的，是肥胖症中的一种蛋白质。另一个新词 clone（克隆）引起了世界各地人们的关注，有关这种新技术所可能产生的后果已给司法、伦理等方面的问题带来挑战。

图 11-8　网络所产生的新词

计算机技术和因特网的迅猛发展也为我们带来很多新词。PC（个人电脑）、RAM（随机存储器）、ROM（只读存储器）、DOS（磁盘操作系统)、microprocessor（微处理器）、byte（字节）、cursor（光标）、modem（调制解调器）、software（软件）、hacker（黑客）、download（下载）、multimedia（多媒体），以及 read, write, mouse, terminal, chip, network, workstation, window, virus 这些词所具有的新的意义都与计算机技术相关。随着个人电脑制造和销售的日益扩大，越来越多的人认识到了电脑术语在他们日常工作中的重要性。

现在，因特网在我们的社会中正发挥着越来越重要的作用。www, ebay, google 和 http 等几乎对每个人来说都很熟悉了。"Let's surf on the Internet!"在这里，surf 和在海上的冲浪运动没有任何关系，而是指通过计算机与因特网连接，浏览网页，收发电子邮件，或是在聊天室（chatroom）使用网络摄像头（webcams）和各个国家的朋友聊天，彼此可以看见对方，等等。所以，因特网对英语词汇的影响很大。现在上信息高速公路（information superhighway）的人越来越多；twitter, facebook, blog 以及 micoblog 已经成为许多网友生活不可分割的一部分。网络世界（cyberspace）在全世界应用广泛，作为一个流行的前缀，cyber-所造就的新词也有很多，如：cyberart, cyberback, cybersouce, cyberpet, cybersight, cybermania, cyberdoc, cyberstar等等。网上聊天也产生了许多新词。chatroom 就是一个在网上你可以跟别人聊天的地方，无论你们是否认识。为了在聊天的时候减少打字的时间，象 BTW（顺便说）、FYI（仅供参考）、IMHO（依鄙人之见）、ASLMH（年龄、性别、地址、喜欢的音乐、爱好）、KISS（简单点，傻瓜）之类的缩写形式被创造了出来。在线聊天的工具如 ICQ 以及 QQ 被人们广泛使用。每天因特网都要传送大量的电子邮件（emails）、数码照片（digital photos）、电子文本（e-texts）以及压缩的音频视频文件。音频流（stream audio）和视频流（stream video）技术使人们在中国可以在线收听巴黎的广播节目，或是观看 BBC 的广播节目。

手机现已在日常生活中广泛使用。发送文本信息被称为 texting；你也可以在手机上观看 mobisode（mobile episode，手机上播放的连续剧的一集）；sexting 是 sex 和 texting 的缩写，意思是通过手机发送色情信息，这种行为应得到制止。随着第三代手机通讯时代的到来，有 WCDMA, CDMA2000 以及 TD-SCDMA 三种通讯方式，你喜欢哪一种呢？

11.4.3 经济发展

随着世界经济的发展，英语也产生了很多商业方面及其他经济领域的新词。象 Bushnomics，Blairnomics，Obamanomics 等复合词意思是"某人的经济政策"。所以 Bushnomics 就是"美国总统布什的经济政策"，Blairnomics 为"英国首相布莱尔的经济政策"，而 Obamanomics 则为"美国总统奥巴马的经济政策"。

我们经常从报纸上看到很多新的经济组织及经济条约的名称，它们多是以缩写的形式出现，如：OPEC（石油输出国组织）、APEC（亚太经济合作组织）、NAFTA（北美自由贸易协定）和 LIFFE（伦敦国际金融期货交易所）。而现在，我国已进入了 WTO（世界贸易组织）。商业、经济、金融、广告等方面的词也反映了社会上所发生的变化，如：restructure（结构调整）、ambush marketing（市场开拓）、e-commerce（电子商务）、human resource（人力资源）、ATM（自动柜员机）、downsize（裁员）等等。

随着社会经济的迅速发展，很多新的商业术语也产生了。相比较来说，这些新词都容易理解。Stock market（股票市场）现在已是很多人关注的焦点，cash flow（现金流通）以及 bottom line（底线）这些新词的出现并不难以理解。现在许多大公司都有 CEO（首席执行官）、CFO（首席财政官）或 CTO（首席技术官）。电子商务在中国蓬勃发展，淘宝（Taobao）为中国的电子商务（e-business）和在线购物（online shopping）提供了强大的平台，越来越受到欢迎。

11.4.4 社会生活

人们不断变化的生活以及新一代人的出现也产生了一些新词。在美国二十世纪六十年代有嬉皮士（hippies），是指那些对社会现实不满，标新立异，具有叛逆精神的年轻人。在八十年代出现了雅皮士（Yuppies），是指拥有待遇优厚的专业工作和富裕的物质型生活方式的年轻人。他们花钱毫不吝啬，享受着时尚生活。还有 baby boomer，baby buster，lost generation，generation X 以及 generation Y 这些词都是美国人社会生活的反映。

随着女权主义发展到后女权主义时期，有许多指人的中性词出现了，如：chairperson，pressperson，clergyperson，waitperson 等。从这些词上，你无法推断出这些名词所指人物的性别。有趣的是，有个新词叫 Feminazi，是用来指那些女权主义极端分子的。近几年，人们对双份收入而没有孩子的家庭都很欣赏，这种家庭叫丁克（DINK，双份收入而没有孩子）家庭。现今，SOHO 一族也越来越多了，它的意思就是在居家办公。在家办公已一度成为时髦。科技给我们生活带来很多便利，计算机和通讯设备使我们仅仅通过一根线就可以办公或进行日常生活。

也有关毒品及毒品走私的新词。mule 和 drug mule 是指进行毒品走私的人。而滥用毒品（drug abuse）已成为很多西方国家的严重社会问题，甚至还有毒品恐怖主义（narcoterrorism）一词。

娱乐领域也一直是新词的来源之一。我们唱卡拉 OK（Karaoke），听电台热线电话节目（call-in），也可以听着嬉蹦音乐（hip hop）跳舞。我们也许会有影像依赖症（videophilia），这是指现在人们倾向于长时间坐着沉浸在与电子媒体有关的活动之中，尤其是看电视、上网、玩电子游戏等。随着好莱坞大片《阿凡达》的上映，越来越多的观众知道了三维立体（3D）电影和 IMAX（加拿大 IMAX 公司创立的一种电影格式以及放映标准）影院。

英语中还有很多新的委婉的说法。例如，现在一个残疾人不说是 disabled，而是 physically challenged（身体方面受到挑战）或是 differently abled（能力不同）。在这里，Challenged 也可用 inconvenienced, impaired 替换。如果某人失去视力，就被称为 visually challenged。现今"疯子"被称为 mentally challenged people。个子矮小的被称为 vertically challenged，而胖子则是 horizontally challenged。

11.4.5　环境

环境问题是社会一大问题。人们现在非常重视环境保护。

图 11-9　全球变暖

前缀 bio-经常用以形成新词，如：biodiversity（生物多样性）、biofuel（生物燃料）、biosphere（生物圈）、biomass（生物量）、biomechanics（生物力学）等。前缀 eco-也经常形成新词，如：ecoclimate（生态气候）、ecosphere（生态圈）、ecosystem（生态系统）、ecocide（生态灭绝）等。

在环保方面最常用的词可能是 green，其意思为"关心或支持环境保护"。它与其他词一起组成许多合成 green 词，如：green consumer, green ideas, green issues, green lobbyists, green management, green policies, green products, green protection, green regulation, green reputation, green revolution, green shoppers, green standards, green technology, green voters 等。人们可以支持环保，购买环保商品，也可把钱用于环保。政治家可以发表 green speech，即关于环保的演讲。还有一种环保的极端支持者被称为 fundies。他们为使自然资源不匮乏，保护森林不受破坏，他们在森林里建起了房子：tree houses 或 twigloo，成为保护森林的斗士。

现今精耕细作的农业（intensive farming）使用各种各样的杀虫剂（insecticides）、化肥（fertilizers）、除草剂（herbicides）等以提高产量，但这种农产品对人的身体健康构成了直接或间接的威胁。随着人们的环保认识越来越强，生态种植（ecofarming）正成为潮流，虽然其代价会更高。

为了应对全球变暖（global warming）的挑战，所有国家和个人都应减少其"碳足迹（carbon footprint）"，即减少温室气体（GHG）的排放。个人、国家或组织的"碳足迹"可通过采取温室气体排放评估来检测。

图 11-10　碳足迹

一旦知道了碳足迹的量，即可采取措施，比如通过技术革新、改善经营和管理、"碳捕捉（carbon capture）"、改进消费措施等等来减少它。通过发展替代项目如太阳能、风能、植树造林等减轻碳排放的影响代表了减少碳足迹的一种方式，常被称为碳补偿（carbon offsetting）。

11.4.6 医疗保健

很多新词源自医疗保健领域。其中很多实际上是新发现疾病的名称。疯牛病（mad cow disease）在英国爆发后，英国的牛肉出口大受影响。禽流感（bird flu）和口蹄疫（foot and mouth disease）也是近年所发生的疾病。而非典型肺炎（SARS）则是近来发现的一种大规模传染病。另一种世界范围内的新型传染病是甲型H1N1流感，也威胁着人们的健康。幸运的是我们已经研制出了相应的疫苗。有趣的是，甲型H1N1流感原来叫做猪流感（swine flu），认为猪是该病的源头，曾引起人们极大的恐慌。

现代生活不仅给我们带来舒适和享受，也带来了新的疾病。空调大楼综合症（SBS）是在长时间在空调房间工作或生活的结果。海湾战争后，曾参加作战的美国士兵中很多人患了海湾战争综合症（Gulf War Syndrome）。其他新的疾病还有：重复性劳损（RSI）、脑膜坏死症（necrotizing fasciitis）、读写障碍症（dyspraxia）、缺乏关怀失调症（ADD）、季节性情感失调症（SAD）、恢复记忆综合症（recovered memory syndrome）等。

图 11-11　猪流感恐慌

随着现代医疗技术的发展，出现了新的医疗技术、医疗手段和医疗仪器，如：运动治疗术（Kinesiology）、微孔手术（Keyhole surgery）、核磁共振仪成像技术（MRI）以及核磁共振仪（MR scanner）等。新的药品如伟哥（Viagra）、普罗扎克，用于减缓抑郁、焦虑等的药（Prozac）以及戒烟用的尼古丁贴剂（nicotine patch）等也都成了新词。

人们为了促进身体健康，喝起脱脂（skimmed）奶和半脱脂（semi-skimmed）奶。锻炼身体的方式也越来越多，如举重训练（weight-train）、登攀跳下有氧运动（step aerobics）、浅水运动（aquacise）等。

11.4.7 其他方面

除了上述提到的几个方面以外，新词还有其他各种各样的来源，如：体育、通俗文化、艺术等等。举例来说，自20世纪90年代起，各种极限运动就开始兴起，如极限滑雪（extreme skiing）、蹦极跳（bungee jumping）、飞艇冲浪（jet-skiing）、快速漂流（hydrospeeding）、滑雪（snowboarding）等。

11.5 本章小结

语言总是随着社会的发展和人们生活方式的改变而不断变化。语言在很多方面发生变化，比如在词汇、语音、语法以及语义等方面。对于这一点有了清醒的认识就能使我们更好地理解身边所产生的很多语言现象。语言在词汇上的变化最为明显，新的词汇不断产生。新词产生的途径很多，有借词、合成、功能性转换、缩写、派生、缩合、新创词等。世界上语言的总数在快速的下降，人们正努力保护濒危语言。我们生活的各个方面如政治、经济、科学技术、环境等都影响着新词的产生。

我们只需记住：世上唯一不变的就是变化本身。所以，如果你在阅读或谈话时遇到不熟悉的新字眼的时候，不必感到迷惑不解。英语不断变化正是它具有强大活力的表现。

参考文献

Crystal, David. 1971. *Linguistics*. New York：Penguin Books.
Crystal, David. 1974. *What is Linguistics*? London：Edward Arnold.

Fromkin, Victoria & R. Rodman. 1988. *An Introduction to Language* (4th ed.). Fort Worth: Holt, Rinehart and Winston, Inc.
Lass, Roger. 1997. *Historical Linguistics and Language Change*. Cambridge: Cambridge University Press.
Lehmann, Winfred P. 2002. *Historical Linguistics: An Introduction*. Beijing: Foreign Languages Teaching and Research Press.
Lyons, John. 1981. *Language and Linguistics*. Cambridge: Cambridge University Press.
O'Grady, William, J. Archibald, M. Aronoff and J. Rees-Miller (eds.) 2001. *Contemporary Linguistics: An Introduction* (4th ed.). Boston & New York: Bedford/St. Martin's.
Robins, R. H. 2000. *General Linguistics*. Beijing: Foreign Languages Teaching and Research Press.
Silverlight, John. 1985. *Words*. Hong Kong: The Macmillan Press Ltd.
Wardhaugh, Ronald. 1977. *Introduction to Linguistics* (2nd ed.). Toronto: McGraw-Hill Book Company.
陈原. 1999. 语言与社会生活：社会语言学札记. 北京：生活·读书·新知三联书店.
丁立福，赵正国. 2009. 奥巴马新词初探.《上海翻译》，第1期.
（美）弗罗姆金等. 2004. 语言导论（第7版），北京：北京大学出版社.
胡壮麟，刘润清，李延福. 1988. 语言学教程. 北京：北京大学出版社.
胡壮麟. 2001. 语言学教程（修订本）. 北京：北京大学出版社.
汪榕培，卢晓娟. 1997. 英语词汇学教程. 上海：上海外语教育出版社.
汪榕培. 2000. 英语新词追踪.《外语与外语教学》，第8期.
汪榕培. 2000. 英语新词的来源及展望.《外语与外语教学》，第9期.

问题和练习

1. 语言随时间发生变化主要体现在那些方面？
2. 请列举出新词构成的几种方式。
3. 为什么语言会一直在发生着变化？
4. 新词的产生是语言变化的一种非常显著的表现形式。你是否遇到一些新词呢？能举出一些汉语和英语的例子吗？
5. 请把下列新词译成汉语。

    netizen _____   email _____
    bungee jumping _____   A/H1N1 flu _____
    feminazi _____   website _____
    cyberspace _____   mobisode _____

6. 下列缩写形式指代什么？请给出其完整形式。

EU _____   CDMA _____

EVD _____   AIDS _____

APEC _____   DV _____

NMD _____   HTML _____

SOHO _____   WWW _____

MPA _____   CEO _____

7. 汉语也从其他语言借了许多词。大多数借词最初都是音译而来，后来出现了表达同样意思的新的表达方法。下面一段话是一个很好的例子（陈原，1999：65）。你能猜出是什么意思吗？

　　五四前后，关于柏里玺天德说得不多，倒是人们成天嚷着欢迎德先生和赛先生——那就是德谟克拉西和赛恩斯。主义学说纷至沓来，什么安那其，什么康敏尼，不一而足。当时有个尖头鳗提倡费厄泼赖，而另一位蜜斯脱则以为爱斯不难读可以代替汉字。布尔什维克的胜利带来了新的启示：社会要发生奥伏特变，特别是要传播普罗列塔利亚特意德沃罗基。但有些小布尔乔亚印贴利更追亚，却带着生的门脱儿，倾听白提火粉的生风尼和朔拿大，悠然产生了烟士披里纯，写下了一首首商籁，预祝英德耐雄纳尔的实现。

第 12 章

语言变体

> 语言比别的东西更能说明我们的"归属",它是我们的公众身份和私人身份最自然的标牌或符号。
>
> ——大卫·克里斯托

12.1 引言

作为母语的熟练使用者,我们不仅掌握了复杂的发音、词汇和语法模式,还学习根据情景系统地变换言语,这种变换方法极为多样,目的是适合情景和交际的需要。你是否为语言的这种极端复杂性惊叹过?

语言因为不同的使用者以及不同的用途而表现出各种变体,在这一章里,我们将从两个方面来考察一下这些变体和变化。

12.2 方言和标准变体

12.2.1 方言

作为中国人,我们相当熟悉各种**方言**——即言语之间的地域性差异。但对于语言学家来说,这还是不够的。

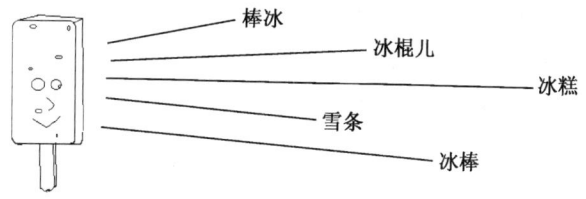

图 12-1 你通常用的是哪个词?

首先让我们比较一下方言和**个人用语**,前者是社会群体之间的语言使用变体,后者指个人言语的特点。个人言语基于地域和社会的两个维度。

迄今为止语言学家在研究方言和个人用语方面投入了大量精力,因为"每个人都有一个独特的言语变体,但成千上万的人说的话都非常相似,因此我们又认为他们说的是同一种语言。在这两极之间,我们可以提出一些不同程度上的地域方言和地域标准方言"(Poole,2000:107)。

在语言学中,"方言"一词指的是不同社会群体的语言变体。通过方言,我们可以部分地认识一个人在地域、种族、社会和性别方面的属性,因此方言是和语言的使用者有关的。

语言不仅因地域的不同而存在变体,而且在种族、社会经济、年龄和性别层面都存在变体，我们在这里将不展开论述。以下的连环画可以让你体会一下青少年语言的风格。

图 12-2　代沟？

在方言中，有地区性标准方言。例如：标准美语、标准英国英语等。

让我们记住，只是为了讨论的方便我们使用"方言"之类的概念，而实际上方言与方言之间不是一刀切的。明确划分不同的方言区是很困难的一件事。

在水平维度上，方言区通常围绕着文化政治影响力大的中心，想一想中国的省会城市及其周边地区，我们很容易划分出中心和过渡区域。如何区分是一种语言的不同方言还是不同的语言，这通常基于相互之间的可辨性。

在垂直维度上，这种相互可辨性不一定处于平衡状态。在会话中，甲参与者对乙参与者的理解可能会超过乙对甲的理解。来自文化中心的人比来自周边地区的人更能够被理解，原因可能是前者的言语更接近地区性标准方言以及电台和电视里所用的标准方言。

以下是一些人们较为熟悉的黑人英语谚语，你可以从中感受一下这个广为熟知的语言变体——**黑人英语**：

例 12-1

（1）You never miss yo water till yo well run dry. （井水干涸之前你从不知道它的珍贵。）

（2）You so dumb you can't throw rain water out of a boot, and the directions say how. （你够笨的，甚至不知道如何把雨水弄出靴子，还要参看说明书。）

（3）If you make yo bed hard, you gon have to lie in it. （如果你闯了祸，就要勇于承担。）

（4）A hard head make a soft behind. （Being stubborn, refusing to listen can make you pay a stiff price）（鲁莽是要付出代价的。）

标准美语和**黑人英语**在语法上的（句法上的）区别是很重要的，比在音位上的区别更为重要。以下是对**黑人英语**语法特征的一个非常粗略的概括：

a. 过渡使用或省略"be"的各种形式；

b. 所有格用法的变异；

c. 双重、三重否定；

d. 人称代词系统的变异；

e. 过去式后缀的变异。

12.2.2 标准变体

区分是一种语言还是一种方言并不总是一件容易的事，人们有时会使用"语言"或"方言"这些词来相互定义。虽然语言普遍被认为是由方言"组成的"，然而在每一个语言中有一种变体总是被认为优于其他各种变体，那就是社会、文化和教育中的标准变体。

世界上除了为数较多的非标准变体之外，还有数种标准英语变体。普遍认为标准变体可以大致划分为两类：标准**英国英语**和标准（北）美语。后者包括加拿大和美国的受过教育的人所说的各种变体，而前者包括主要在英格兰、爱尔兰、威尔士、苏格兰、澳大利亚、新西兰和南非的各类变体。在标准变体之间存在的区别主要是发音和词汇方面的，不过在公共书面话语中词汇的区别并不明显。因此，英语并不受制于一种全球统一的标准，在英国以及其他说英语的国家，变体广泛存在，既有非标准变体，也有众多的标准变体。

RP（RECEIVED PRONUNCIATION），英国英语中标志着受过良好教育的发音模式，据特拉吉尔和哈纳（Trudgill & Hannah, 1982: 2）估计，在英国有3%—5%的人口使用。在当今，随着社会移动性的增大，RP 几乎不能再被叫做国家标准了，在大卫·克里斯托（David Crystal，1995）看来，它的前景有些黯淡：

> 英国英语日渐成为国际英语中的一个小方言，新的作为二语的英语的发音模式出现了，在英国教英语（作为二语的）的教师们自己也较少说标准英国英语了，随着这一切的发生，有可能 RP 在昔日所享有的特殊的世界地位将逐渐减弱。（引自 Baron，2000：135）

在美国，人们一直在抵制一种观念，即认为只有唯一的一种标准方言。结果便是人们对于标准发音的态度相当的宽松。然而，在二十世纪的大部分时间里，特别是随着电台和电视的发展，有人认为的确有一种美国英语变体可以被叫做"**泛美标准语**"或"**美国标准语**"。其他两种主要方言是新英格兰方言和南方方言。泛美标准语的特点是：扁平的 [a]，"hot"、"top" 等词中圆唇的元音，在所有的发音位置保留强式的 [r]，在元音 [e] 和 [o] 之后较小的滑动，如在 "late"、"note" 等词中，不像英国英语那样，滑动较大。这一变体是由广播业选择的，因此有大量的听众熟知它。因此我们可以说泛美标准语或美国标准语其实是由了解它和使用它的人数决定的。

从 20 世纪 80 年代中叶以来，美国的各个国家广播电台开始使用明显的地域变体，这样一来，美国标准语的流行前景也似乎变得黯淡了（Baron，2000：136）。

普尔（Poole，2000：111）指出，"一个人的社会地位越高，说地域方言的可能性就越小，就越有可能使用一种更为标准的变体。这其中部分的原因是有较高社会地位的人享有较大的移动性，因此他的社会和地理的接触面就更宽广，他和他的孩子们的言语就会失去更多的地域方言的特征。另一个主要因素是更标准的变体总是和名望联系在一起……"，如果我们想一想一个会说普通话的人在一群只会说当地方言的人中所享有的声望，这一点就不难理解。

标准语被用作官方的、书面的媒介，并在教育系统中广为使用。它也是一个国家的象征，是一个语言中最统一、最有地位的变体。"通常情况下，语言的标准变体基于首都的受过教育的居民的言语"（Poole，2000：112）。每一个标准语都会有自己的起源和发展的故事，在这里我们不打算讲述语言史。你可以阅读诸如《英语语言史》

之类的书，以了解标准英语演变的过程。

关于方言，最后要说的一点是：人们经常对说某一种方言的人抱有某种下意识的看法，或为那些人编排出某些特征。几乎我们所有人都会对别人的个性、智力、教育程度等作判断——有的时候完全依据很小的言语样本。我们根据电话里的声音、电台里的谈话、面对面的交谈作出各种判断，换言之，就是把语言变体的特征和非语言学的特征联系起来。想想对于说上海话和说山东话的人你是什么印象？

在方言研究领域，学者们提出的前瞻性的问题大致是——如果英国英语或 RP 不再那么流行，而美国英语从来就没有过真正的标准变体，日益变大的全球英语市场会是什么样呢？全世界近十亿人说着各种各样的英语，是否将会出现一个为学习者和使用者所推崇的口语模式呢？也许你会认为这个问题没必要问，那么就让我们拭目以待，看看英语的各类变体会变成什么样，将来是否有可能会出现全球标准英语。

12.3 使用中的变异——语域和语类

在简要地讨论了地域变体这个极其复杂的问题后，我们现在要继续讨论社会变体，它同样复杂，也许更为微妙。但我们可以先来看一下通常人们对言语和书写的理解，或者说对非正式和正式的社会变体的理解。

我们很容易注意到言语和书写的一些关键区别，在口语和书面语这两个大类中，还分别有次一级的分类。事实上，口语并不是没有结构，也不是很简单的，它的复杂性只是和正式的书面语篇的复杂性不同罢了。特别是在随意的语境中，口语的特点通常不是词汇的密集，而是语法上的精致和复杂。

以下是对同一件事的三种说法，按照从不太正式到最为正式的顺序排列：

例 12-2

(1) You can control the trains in this way, and if you do that you can be quite sure that they'll be able to run more safely and more quickly that they would otherwise, no matter how bad the weather gets.

(2) If this method of control is used, trains will unquestionably

be able to run more safely and faster when the weather conditions are most adverse.

(3) The use of this method of control unquestionably leads to safer and faster train running in the most adverse weather conditions.

图 12-3　同一件事的三种说法

你可以看到从（1）到（3），词汇变得越来越难，而语法变得越来越简单。

表 12-1　口语和书面语的复杂性对比（Eggins, 1994：61）

口语	书面语
词汇密度低 ——即在所有词中实词所占比例小	词汇密度高 ——即在所有词中实词所占比例大
语法精细复杂程度高	语法精细复杂程度低
每个句子中小句数量多	每个句子中小句数量少

所有的语言都展现几个不同用法的层面，胡斯（Joos, 1962）最早提出通常有多达五个层次，即：

极为正式（特别是用于正式仪式和宗教祈祷仪式中）；
正式（用于相互不认识的人们之间，或者是他们觉得处于匿名状态更舒服时）；
非正式（用于相互相当熟悉的人之间）；
随意（用于相互很熟悉的人之间，并且他们处于一个非正式的情境中，例如好朋友在一起野餐）；
亲密（用于家庭成员之间）

另一方面，我们根据不同的情境即不同的用法来调整所使用的语言。我们积累不同情境的语言使用经验，例如，布道中使用的英语，情书中使用的英语，香水广告中使用的英语。语言学家极感兴趣的是什么造成了语篇之间的差异。因此我们就要谈到语言变体中的**语域**。

语言变化不仅取决于说话人的社会位置和地理来源，而且根据说话人所参加的活动而变，例如，布道、写一篇研究论文、对国会发言等。在系统功能语言学的框架中这种变化就叫做语域（Halliday, 1978）。

语域可以被分解为三个方面，即：

语式：（例如：按介质分为：书面的、口头的、口头的但却是为了要写下来的、书面的但却是为了要说出来的；按话轮分为：对话的、独白的）

语场：（例如科学、宗教、法律等）

语旨：在某个特定情境中语言使用者之间的社会角色关系（例如教师与学生、布道者与听众、父母与孩子）

除了语域，一些语言学家还研究**语类**，即对语篇变体从社会文化活动的角度进行分析。虽然语类可以指各类情境，但它的侧重点是社会成员在进行有目的的交际活动时采取的步骤。因此在我们的文化中有多少可以识别的社会活动类型，就有多少不同的语类（Eggins, 1994: 26）。例如马丁和罗斯（Martin & Rose, 2003）讨论了五种语类，即例举、阐释、行动、讲述和报告。我们在这里不进一步展开了。如果你已经对语言使用的变体产生了浓厚兴趣，你可以今后自己进一步在这方面探索。

当我们谈论语域时，我们应该意识到语法和意义的多功能组织，作者/说话人在生产语篇时总是从语言的各类资源中进行选择：

经验资源：各种过程以及过程中的各种参与者；

逻辑资源：建构附加、选择、例外、结果、时间顺序等逻辑关系；

人际资源：表达肯定、责任等；提问、陈述和命令等；

语篇资源：组织信息流动的顺序以引导读者；使语篇变得连贯，而不再是一堆语言的零碎。

因此语域是从四个语法和语义系统中作出的选择所形成的模式。

功能语言学为**语境**建构模型的主要概念是"语域"。在语言实现社会语境的过程中，社会语境的每一个方面分别由特定的语言**元功能**来实现，如下所列：

表 12-2　元功能和语域

元功能	语境	
人际	语旨	角色关系的种类
概念	语场	正在发生的社会活动
语篇	语式	语言发挥的作用

现在让我们再分别详细看一下语域的三个因素。

12.3.1　语式

语式是在口语和书面之间的选择，但实际上语式是非常复杂的，可以从以下两方面来看：

（1）独白还是对话

例如，如果我们考虑到会话参与者能否相互听到和看到（即有声音和视觉的反馈）、反应是即时的还是延迟的，你能说出以下话语种类的异同吗？

短波电台、步话机通话、电话、传真、电子邮件、聊天室、收音机、录音带、CD、电视、DVD/VCD、录像、电影。

（2）行动还是反思

影响语式的另一个方面是"语言相对于正在发生的事件承担了多大分量的工作"（Martin & Rose，2003：213）。例如，在某些语篇中，对人物、地点和事件的指称在语篇之外，如体育评论等，人们关掉电视机的声音，不听评论，还是能理解画面上正在进行的比赛。而如果是"读书时间"之类的谈话性节目，没有了声音，人们就无从理解节目的内容了。因此存在这样一个从"**行动中的语言**"到"**作为反思的语言**"的连续体。

12.3.2　语旨

语旨指的是互动者之间的社会关系，例如学生与教师、朋友与朋友、顾客与售货员、孩子与母亲等。我们在一个情境中所扮演的社会角色会影响到我们使用语言的方式，这点并不难理解。功能语言学提出了**权势**、**接触**和**情感卷入**等概念作为角色关系的几个方面。

权势是指地位之间的平等和不平等。例如，在朋友之间，权势是相等的；在上司和雇员之间权势是不等的，或者说是非相互的。我们从小时候起就熟悉家庭中的一些不平等种类，即：

辈分：和成熟度有关的不平等；

性： 性别和性取向；
种族：种族的、宗教的和其他文化的划分；
无能：各种各样的残疾等；
阶层：物质资源的分布。

关于权势，波伊顿（Poyton，1985）认为选择的相互可交换性是关键的变体。例如：当我们使用称呼语时，在可相互交换使用和不能相互交换使用之间有很多不同的情况。在中国，一个学生可以称呼一个教授"张教授"，后者可称呼前者"小刘"，但却绝不可能相互称"小张"和"小刘"，即便该教授非常年轻。而另一方面，两个朋友却可相互称呼名字。在每一种人际关系中，都有权势在发挥作用，并影响到我们对称呼的选择，以及对语言其他的人际资源的选择。

接触可以有亲密的、经常的、偶尔的以及稀少的。在夫妇间的接触是亲密的，而在一般的熟人之间则是偶尔的。

至于**情感卷入**，亲近的朋友是情感上投入的，而工作单位的同事通常相互之间在情感上都不是高度卷入的。

这些方面对于语言在语境中的使用具有直接的影响。以**呼语**的使用为例，波伊顿（Poyton，1985）研究了澳大利亚英语中的呼语，认为权势、接触、情感和呼语的使用之间有关联，似乎是：

——当权势平等时，呼语的使用是可以相互交换的：如果我叫你你的名字，你也可以叫我我的名字；如果我使用姓加头衔称呼你，你也同样可以这样称呼我。

——当权势不平等时，呼语的使用是不能相互交换的：如你可以叫你的医生 Dr. Bloggs，但他却叫你 Peter。

——当接触频繁时，我们经常使用绰号：如 Johnno，Pete，Shirl。

——当接触不频繁时，我们经常没有呼语（例如邮局的职员，或你每天见面的公车司机）。

——当情感卷入程度高时，我们使用短小的称呼和爱称：如 Georgie-Porgie，Darl。

——当情感卷入程度低时，我们使用正式的名字：如 Peter, Suzanne。

想象一下你需要人帮你移动家具的情景。在非正式的情境中（例如在家里），你可以对你的朋友说：

例 12-3

　　Hey Freddie! Get off your butt and give me a hand here. Shove that chair over closer to the desk.

现在再想象一下，你想移动工作场所的家具，唯一能找到的帮手是你的老板。这次你可能会说：

例 12-4

　　Oh, Dr Smith. I'm just trying to tidy my office up a bit and I wondered if you'd mind maybe giving me a quick hand with moving some furniture? If you've got time, I mean. It won't take a moment. Now if we could just move this chair over a bit nearer to the desk there. Thanks very much. (Eggins, 1994: 66)

　　你能说出这两个例子的区别吗？对了，有称呼上的选择，即说话人是如何称呼他的朋友和上司的；他是如何运用俚语（get off your butt）和礼貌表达的（I wondered if you'd mind…）；他是如何对他的朋友使用命令式的（Get off your butt; Shove that chair over）以及对他的上司使用试探结构和假设小句的（I wondered; if you'd mind; if you've got time; if we could…）。

　　情感同时是和语旨紧密关联的，例如，我们在闲话中可以找到对圈外人的否定情感，而在书评中可以找到对书的肯定或否定的情感评价。

12.3.3　语场

　　语域的第三个因素是语场，它相对来说比较容易理解。语场指的是一套活动顺序，它使读者对语篇的展开抱有一些期待。例如，如果我们知道某个语篇的语场是关于学习语言学的，我们就会期待语篇中出现语法、句子、意义等词，我们还会期待该语篇包含解释语言奥秘的例子。

　　在简单地讨论了这三个方面——或者说**情景语境**的三个参数之后，我们可以试图操纵一下语篇的变化。例如，我们可以改变三因素中的一个来得到一个很不相同的语篇。比较以下的三种语篇：

　　（1）一封求职信；
　　（2）给朋友的一封信，讲述你希望找工作的事；
　　（3）还是和那个朋友的一次谈话，还是关于找工作的事。

　　这三个语篇都有同一个语场——找工作，但它们的语式和语旨是不同的。你能说说它们的区别吗？特别是语篇（1）和（2）的语旨上很不同，也就是说信的作者和读者之间具有不同的人际关系（David Butt, et al. 2000: 5）。

语篇和它的情境因素之间有着某种相互的期待。例如，如果我们知道某一语篇是科技性的，我们就期待在语旨方面读者和作者之间具有平等的人际关系。如果我们知道一个语篇是教师的讲话，即语场是关于教学的，我们就可以预测该语篇的某些语法特征，因为所有教师的讲话都会有某种相同的目的和人际关系。

12.4 本章小结

本章我们从使用者和用途两个方面讨论了语言的变体。首先我们讨论了方言和标准变体，关于标准变体的研究严格说来属于"语言规划"的领域，在这里我们只介绍了最基本的概念，其实这是一个涉及面极广的跨学科领域；在对语域的讨论中，我们介绍了功能语法的语域理论，关于语域的研究告诉我们语篇的内部组织可以联系到语言的社会功能来获得解释，用语域来考察语言使用的变体能使我们更完整地认识语言的各种社会功能。

参考文献

Baron, N. S. 2000. *Alphabet to Email: How Written English Evolved and Where It's Heading*. Routledge: London & New York.

Braj, B. K. et al. (ed.) 2006. *The Hand Book of World Englishes*. London: Blackwell Publishing.

Butt, D et al. 2000. *Using Functional Grammar*. (2nd ed.) Sydney: Macquarie University Press.

Crystal, D. 1995. *The Cambridge Encyclopedia of the English Language*. Cambridge: Cambridge University Press.

Eggins, S. 1994. *An Introduction to Systemic Functional Linguistics*. London: Pinter.

Finegan, E. 1985. Unconscious attitudes toward linguistic variation, In Sidney Greembaum (ed.), *English Language Today*, Oxford: Pergamon. 92—98.

Halliday, M. A. K. 1978. *Language as a Social Semiotic*. London: Edward Arnold.

Joos, M. 1962. The Five Clocks. *International Journal of American Linguistics* 28, Vol. 2.

Martin, J. & Rose, D. 2003. *Working with Discourse*. London & New York: Continuum.

Milroy, J. & Milroy L. 1999. *Authority in Language-Investigating Standard English*.

London & New York: Routledge.

Poole, S. C. 2000. *An Introduction to Linguistics*. Beijing: Foreign Language Teaching and Research Press & Macmillan Publishers Ltd.

Poyton, C. 1985. *Language and Gender: Making the Difference*. Geelong, Vic: Deakin University Press.

Trudgill, P. & Hannah, J. 1982. *International English: A Guide to Varieties of Standard English*. London: Edward Arnold.

李战子. 2001. 话语的人际意义研究. 上海: 上海外语教育出版社.

问题和练习

1. 我们可以有把握地说,"无论语言在当地发生什么变化,我们还是需要一种全球认可的标准语,以应用在高等教育、国际媒体、交通、商业和技术方面。"(Baron, 2000: 141)你认为这种标准语看上去或听起来会是怎样的?在语法、词汇、拼写和发音方面,哪一样你认为更迫切地需要一个标准?

2. 卡通画"在因特网上,没有人知道你是个机器人"使你在英语的变体方面产生了一些什么样的联想?

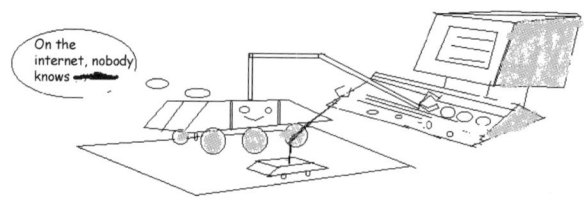

3. 我们可以区分书面语和口语,又可在其中分别区分对话和独白。你能描写以下语篇类型的语式特点吗?

    书信、课本、讲课、辩论、问卷、连环漫画、戏剧、日记、祈祷

4. 我们省略了以下语篇片断的来源。你能在语场、语旨和语式的基础上说出它们的来源吗?

    Text I:

    This northern strip of Southern California is remarkably varied in its typography, its communities, its weather, the products of the land, both above and below the ground, and in the rewards of travel. Along its northern edge, it stretches 240 miles, but in the south, the abruptly angling coast cuts the east-west distance to only 150 miles. In length north to south the section is about 100 miles.

    Text II:

    A hand of bridge is played in two stages. First there is the auction to determine which suit, if any, is to be trumps and how many tricks must be won. Then comes the play of cards when the side that won the "contract" tries to fulfill their obligation which the opposition are doing their best to take enough tricks to defeat them. The contract is the name of the last bid in the auction.

Text III:

Fortunately no rain came in the night, but mosquitoes did in millions. I was bitten from top to toe without any means of resistance. The blanket was too small and I could not quite cover myself up from them, so they had their own way. Every one else was the same, so we could all laugh at our misery together. We had not such a bad night's rest after all. Turnbull had baked a pigeon in clay to eat cold for breakfast...

Text IV:

In reply to your letter of January 7, Mr. John Morris was with our company for three years. Mr. Morris, we thought, was a very pleasant person who handled his subordinates in a most successful manner and had a very excellent record of sales.

We can certainly recommend Mr. Morris very highly as a sales manager for any company in the field.

参考答案

第1章

1. 语言是一种纯粹人类和非本能的、通过自身产生的符号来交流思想、感情和愿望的方法。它有以下区别性特征：

    可交替性：所有物种的成员都能传递和接受信息；

    反馈：系统的使用者能意识到他们在传播什么；

    专业化：交流系统除交流外无其他功能；

    语义性：系统传达意义主要是通过能指、所指和意义间一系列的固定关系；

    任意性：记号和其所指间无任何自然或内在的联系；

    离散性：交流系统由可分隔的、可重复的单位组成；

    移位性：系统的使用者能够提到在空间和时间上都很遥远的事件；

    创造性：在任何话题上的新信息可在任何时间产生；传统，文化传递性：系统的特定方面需要由一位具备经验的使用者传递给学习者；

    模式双层性：不具有意义的单位（音素）结合起来组成了任意的符号。而符号可以再次结合起来组成更大的具有意义的新单位；

    搪塞性：该系统允许使用者胡说八道或撒谎；

    可学性：该系统的使用者可以学习其他的变体。人类可以学习不同的语言，而蜜蜂仅限于它们遗传的特定行话；

    反思性：运用系统来讨论系统本身的能力。

2. 交流并非人类语言的唯一功能。谈到交流，我们指的是"使信息被理解"。大部分人都认为语言的信息功能是最主要的，然而在言语交流中它只占了20%不到。韩礼德以为，语言大约有三大宽泛的功能：

    （1）谈论正在发生、将要发生和已经发生的事情：语言被用于组织、理解和表达我们对世界以及自身的感触。该功能被称为概念功能。

    （2）交流和/或表达观点：语言使我们能够参与到同其他人的交流行为中，扮演一定的角色，表达并理解感情、态度和判断。这被称为人际功能。

    （3）将上述两种功能的结果在口语或书中组成语篇：语言被用来将所说或所写的内容同现实世界或其他语言学事件相联系，这就涉及将语言组成语篇。这个功能被称为语篇功能。

3. 符号（语言的或其他）的形式与它的意义之间的相似性被称为象似性，这同随意性是相反的。组织、公司等的商标会具有不同程度的象似性。让我们看看以下三个例子：

乔丹的商标　　　　多普达的商标　　　　苹果的商标

　　从画面来看，乔丹的商标展示了一个打篮球的人，这表明该公司的主营业务便是运动产品。获得该商标的意义，靠的不是识别位于它下面的字。该商标具有很高程度的象似性。

　　从画面来看，多普达的商标展示了一个类似手机的矩形物体，这在某些程度上略微表明了其活动的范围。一个绿色的三角形变成灰色，再加上"smart mobility"这两个字，则清晰地表明了这是一家手机公司。获得该商标的意义，在一定程度上要靠识别商标下面的字。它具有中等程度的象似性。

　　从画面来看，苹果的商标展示了一个不完整的苹果，这丝毫不能暗示我们该公司的活动范围。并且也没有任何可以识别的字。除非我们熟悉一些背景故事，否则该商标的含义是无法理解的。它的符号和意义之间的关系一点都不明显。

4. 这句熟语只说对了一半。因为一朵玫瑰（红色，带刺，芳香，美丽的分层花瓣）不得不是一朵"玫瑰"（发音发作［rouz］，拼写拼作 r-o-s-e）。假设它有其他的名字，这些名字必须得到操种语言的人的同意。例如，假设我们同意称呼一朵玫瑰为"爱之花"，或者"bose"，此处的关键词是"同意"；换言之，约定俗成。语音和意义之间的关系是约定俗成的。再换言之，语言学上我们称这种关系是任意的。而任意性表明语音和意义之间的关系没有理性基础。一朵玫瑰之所以被称为"rose"，而不非"bose"或"raze"，并没有很好的原因。假如你认为"rose"听起来就像这朵美丽的花的恰当名字，这是因为你已经习惯于这种任意性了，并且已经乐于接受这种约定俗成的关系。

5. 人类语言的一个属性便是双重性，这表明语言是多层次的。至于语言的最低层次语音学，它所具有的语音层便结合成了第二层，它具有更大语言单位——词。一旦语音结合后组成了词，就会有无穷多的词。词可以结合组成无穷多的句子。至于句子，它们可以结合组成无穷多的语篇。而交通信号灯的语言不具备双重性，其红色表示停止，绿色表示通行。这些低层次的元素——信号灯的颜色被赋予了特定的意义，因此通过"红+绿"或"红+黄+绿"的组合，它们构不成更高层次的意义。

第2章

1. ɑi ˈteik it ju ɔːlˈredi ˈknəu
   ev ˈtʌf nd ˈbau nd ˈkɔf nd ˈdəu
   ˈʌðəz mei ˈstʌmbl bət nɔtˈju
   ɔn ˈhikʌp ˈθʌrə ˈlɔk nd ˈθruː
   ˈwel ˈdɔn nd ˈnau juːˈwiʃ pəˈhæps
   tə ˈlɔːn əv ˈles fəˈmiljə ˈtræps

   biˈwɛə əv ˈhɔːd ə ˈdredful ˈwəːd
   ðət ˈluks laikˈbiəd nd ˈsaundz laik ˈbəːd
   nd ˈded its ˈsed laik ˈbed nɔt ˈbiːd
   fə ˈgudnis ˈseik ˈdɔnt ˈkɔːl it ˈdiːd
   ˈwɔtʃˈaut fə ˈmiːt nd ˈgreit nd ˈθret
   ðei ˈraim wið ˈsjuːt nd ˈstreit nd ˈdet
   ə ˈmɔθ iz ˈnɔt ə ˈmɔθ in ˈmʌðə
   nɔː ˈbəuθ in ˈbɔːθ ˈbrɔθ in ˈbrʌðə

2. (1) /b/；
   (2) /s/；
   (3) /h/；
   (4) /m/；
   (5) /dʒ/。

3. Tom 想说"Morning, Mr. Smith."[mɔːniŋ mistə smiθ]，但是因为他感冒了，鼻腔受阻，所有的鼻音都成为口腔音。

4. (1) 舌的最高点　　[æ] [a]（low）　　　　[i] [u]（high）
   (2) 舌太高的部分 [i] [e]（front）　　　　[u] [ɔ]（back）
   (3) 发音方式　　 [p] [d] [t] [b]（stop） [f] [v] [s] [z]（fricative）
   (4) 鼻音化　　　 [m] [m] [ŋ]（nasal）　 [o] [b] [a] [g]（vocal）
   (5) 浊音化　　　 [s] [f] [p]（voiceless）[z] [v] [b]（voiced）
   (6) 发音位置　　 [s] [z] [t] [d] [n] [l]（alveolar）
   　　　　　　　　[k] [g] [ŋ]（velar）

第3章

1. 题中所列语音对子都构成最小对立体。因为每对中的单词只在一处发音不同，这些能够　区别单词意义的语音对子成对立分布，它们均未英语语音系统中的音位。这包括：
   fish [fiʃ] /dish [diʃ]；　　　fine [fain] / dine [dain] ──→/f/ and /d/

bead [biːd] / deed [diːd]; rube [ruːb] / rude [ruːd] ——→/b/ and /d/
it [it] /is [iz]; eat [iːt] / ease [iːz] ——→/t/ and /z/
beat [biːt] / boot [buːt]; see [siː] /Sue [suː] ——→/iː/ and /uː/
bat [bæt] /but [bʌt]; lack [læk] / luck [lʌk] ——→/æ/ and /ʌ/
crick [crik] /creek [criːk]; dim [dim] /deem [diːm] ——→/i/ and /iː/

2.

	t	d	n	s	z
齿龈	+	+	+	+	+
浊音	−	+	+	−	+
连续音	−	−	+	+	+
鼻音	−	−	+	−	−

3. 当第一个音节为重读音节时，单词为名词；当第二个音节为重读音节时，单词为动词。

4. possibly ˈpɔsəbli apparently əˈpærəntli
   appointment əˈpɔintmənt phonology fəˈnɔlədʒi
   congregation ˌkɔŋgriˈgeiʃən nevertheless ˌnevəðəˈles
   articulation ɑːtikjuˈleiʃən exterminative iksˈtəːminətiv
   introductory ˌintrəˈdʌktəri underdeveloped ˈʌndədiˈveləpt
   absolutely ˈæbsəluːtli imaginative iˈmædʒinətiv

   非重读音节中，最长出现的元音有三个：/ə, i, u/。

5. 侍者在回答顾客问题"这是什么汤"时，本意是"这是一碗豆汤"。他应该将句子重音放在"bean"而不是"soup"上，可是强调"soup"似乎是在说"它曾经是一碗汤"，这显然属于答非所问，自然引起顾客不满。

第4章

1. （略）

2. dis + courage (dis-: bound morpheme, prefix; courage: free morpheme, root)
   commit + ed (-ed: bound morpheme, suffix; commit: free morpheme, root; com-: bound morpheme, prefix; -mit: bound root morpheme)
   inter + nation + al + ism (inter-: bound morpheme, prefix; nation: free morpheme, root; -al: bound morpheme, suffix; -ism: bound morpheme, suffix; national: stem; international: stem)
   girlfriend + s (girlfriend: compound; -s: bound morpheme, inflectional suffix)

3. a: immature b: irregular c: inconsiderate d: ignoble
   e: noncontentious f: illegitimate g: nonmetal h: impassive
   i: nonferrous j: inaccuracy k: unendurable l: invariance
   m: non-inductive n: illegible o: unreasonable p: irrational

q: unscrupulous   r: non-staple   s: imbalance   t: illegalize

4. a: 柠檬法，不良品赔偿法

   b: 逻辑炸弹

   c: 无家可归的人

   d: 和平红利，和平增益（指国家因裁军而得以用于其他方面的原军备和国防费用）

   e: 保姆政府

   f: 开领工人

   g: 彩虹联合（指各色弱势力量的联合）

   h: 彩弹，染料弹丸

   i: 摄影小说

   j: 竞选流动车

   k: 聒噪阶层，叽叽喳喳群（多指光说不练的中产自由主义者）

   l: 锈带（指衰败或萧条的工业区）

   m: 僵尸银行（本因破产却被政府强制激活的银行）

   n: 房奴

   o: 山寨版

5. a: feel;   b: touch;   c: serve;   d: rise;   e: chew

6. a: magalog (magazine + catalog)   大开本邮购商品广告目录；

   b: monergy (money + energy)   财力魄力兼备；

   c: corpocracy (corporate + bureaucracy)   公司官僚主义；

   d: faction (fact + fiction)   纪实与虚构相结合的作品；

   e: glocal (global + local)   既有全球意识又能因地制宜的；

   f: darknet (dark Internet)   暗网；

   g: bankster (banker + gangster)   银匪；

   h: kidvid (kids' + video)   儿童电视节目；

   i: ginormous (gigantic + enormous)   极大；

   j: webinar (web-based seminar)   网络研讨会

7. a/o: account of   在……账上；

   c/o: care of   烦……转交；

   OTT: over the top   过分；

   GMT: Greenwich mean time   格林威治平均时；

   GNP: gross national product   国民生产总值；

   MIDI: musical instrument digital interface   音乐设备数字接口；

   OTE: on-target (or on-track) earnings   达标工资；

   FIAT: Fabbrica Italiana Automobili Torino   （意大利）菲亚特汽车公司；

   RPG: role-playing game   角色扮演游戏；

ASEAN: the Association for South-East Asian Nations

WAN: wide area network	东南亚国家联盟；
	广域网络；
NAM: New Age Movement	新纪元运动，新时代运动；
Y2K: year 2 kilos (Year 2000)	千禧危机，千年虫；
MAP: Military Aid Program	（美国）军事援助计划；
HB: hard black	软硬适中（指铅笔）

8. cf.: confer　　　　　　　　　　参看
　　etc.: et cetera　　　　　　　　等等
　　et al.: et alii　　　　　　　　　以及其他等等
　　vs.: versus　　　　　　　　　对
　　e. g.: exempli gratia　　　　　例如
　　id.: idem　　　　　　　　　　同上
　　a. m.: ante meridiem　　　　 午前
　　p. m.: post meridiem　　　　 午后
　　l. c.: loco citato　　　　　　　在上述引文中
　　sec.: secundum　　　　　　　根据

9. a: bashed b: dashed c: gnash d: crash e: hashed f: mashed g: trashed
   h: lashed i: clash

10. (1) a: A;　　b: D;　　c: A;　　d: C;　　e: B;　　f: C
    (2) a: Na tacketagufileskaozid.;
        b: Kaclarieatrafeskaclarimid.
        说明：kon, ka, na 均为冠词，kon 表示阳性，ka 表示阴性，na 表示非人类；-a 表示主格，-id 表示宾格，-es 表示动词的一般现在时，-im 表示人类之未成年，-ie 表示成年。

第 5 章

1. brillg (adjective)
   slithy (adjective)
   tove (noun)
   gimble (verb)
   wabe (noun)
   mimsy (adjective)
   borogove (noun)
   mome (adjective)
   rath (noun)
   outgrabe (adjective or past participle)

2. (略)

3. a. (1) We have greater interest in our environment than the younger generation do.
   (2) We have greater interest in our environment than in the younger generation.
   b. (1) There were farmers more wealthy than you young industrialists.
   (2) There were more wealthy farmers than there were you young industrialists.
   c. (1) They need teachers who are more highly trained.
   (2) They need more teachers who are highly trained.
4. a. 无法改成被动态。
   "Floated down" 并不是动词短语，"down the river" 是句子状语，因此原句并没有宾语，也无法改成被动。
   b. 无法改成被动态。
   "have" 是静态动词，不及物。
   c. 无法改成被动态。
   "to meet her" 是一个非谓语小句，无法作被动句主语。
   d. One joke at least is known by everybody.
   原句的意思是：每个学生至少知道一个笑话；被动句的意思是：至少有一个笑话所有的学生都知道。两句意思不完全相同。
   e. It cannot be done by John.
   原句强调能力不足，被动句强调的则是客观原因，两句意思不完全相同。
   f. The school has been visited by John twice.
   原句表达 John 去过该校两次，但不表达以后 John 是否还回去；而被动句表达 John 总共去过该校两次，以后不会再去了。
   g. Dams are built by beavers.
   原句表达：海狸修大坝；被动句则表示所有的大坝都是海狸修的。
5. a. 主语是："The cleaner"，其语义角色是：施为者。
   b. 主语是："The door"，其语义角色是：接受者。
   c. 主语是："The master key"，其语义角色是：工具。
      句子成分的句法功能和语义角色之间没有对应关系。当人们用不同的句式来描述同一情境和现象时，同一名词短语往往起到不同的句法功能（例如在主动句中是主语，在被动句中是宾语），但是在各句中扮演的语义角色是相同的。
6. a. When Elinor and Marianne were walking together the next morning, Marianne communicated a piece of news to her sister, who, knowing of Marianne's imprudence and want of thought, was nevertheless surprised by its testimony of both.
   b. His way lay up the Myanos River, where he had one or two traps set along the banks for muskrats, and he was in constant danger of having the traps robbed or stolen by boyswho considered this an encroachment on their trapping grounds.

c. Going over the wall at the back, the cat went through the hole in Menzie's side door, satdown, devoured the lump of liver, licked her chops and then, feeling absolutely happy, set out by devious ways to the rubbishyard where her family was awaiting her.

第 6 章

1. 根据韩礼德的理论（1967），"信息焦点是一种强调，说话者借此选出信息组的一部分（抑或是全部），他希望将其看做提供信息的媒介。"也就是说，信息焦点可以理解为新的或者被强调的信息。在小对话（1）中，信息焦点是"Daddy washed the car"这个整句，这是新的信息，A 在寻找，而由 B 给出。在小对话（2）中，信息焦点转换为一个简单的元素"WASHED"，它回答了"what happened"这一问题。在小对话（3）中，信息焦点变成了"Daddy"，因为 A 提出了关于使动者的问题。

2. 信息系统利用语调强调那些特别具有报导价值的消息。我们说话时，那些句子中新的元素以高音调来突出（更学术的说法是它包含了一个语调音节）。因此，在句（1）中，声调群"IN the Sahara"显得突出，IN 是一个语调音节，暗含着声调群中新的信息的意思，并且与"many days'walk from the Sahara"产生关注上的对比。在句（2）（3）（4）中，大写的字母反映了信息焦点在整个句中都有高音调。总之，高音调是新的信息的高潮，并对新元素的结尾做出了该首诗采用了三种标记。

3. 该首诗采取了三种聚合性来源：引用，省略（包括替代），以及连接。引用的来源：人称代词："he"代替了"the boy"；省略的来源："not I, if I do"；联结词："for"。

4. 词汇关联是指文本选择中词汇的聚合效应，一个词汇的选择与其他词汇的选择紧密关联。包括同义词、近义词、反义词、上下义词、词语搭配等等。文章选取了若干聚合方法来形容灰烬的山谷的样子：重复——重复使用词语"ashes"；同义词——运用相同意义的词语：灰烬色，微暗色以及灰色；怪异和可怕；灰烬，烟，粉末弥漫的空气和云朵；词语搭配——（cloud），（houses）…（chimney）…（rising smoke）；（cars）…（track）…（creak）…（rest）等等。

第 7 章

1. 这些词都是指"并非消瘦或瘦骨嶙峋的体形"。plump、fat、buxom、stout、corpulent、obese chubby 和 well-fed 均指"丰满或超重的体形"。husky、stocky 和 strapping 有"体形健壮或充满阳刚"的意思。在这些词中，fat 是最不正式的也是最直接的词。Corpulent 和 obese 指"体重过度超标"。Plump 和 buxom 指"轻度的体重超重"，但在人们可接受的范围内。Chubby 指"粗陋的、结实的胖"。Stout 是 fat 的委婉语，特别用来形容老年人。Well-fed 指

"健康的、被好生照顾的状态"。Husky 形容"高大健壮的男性"，stocky 则是"矮胖结实"的意思。Strapping 形容人"不但高大而且肌肉发达"。

2. 可分级反义词：bad/good；strong/weak；short/long；fat/thin；old/young；black/white

   互补性反义词：male/female；open/shut；married/single

   关系对立反义词：parent/child；above/below；north/south；left/right；husband/wife

   可逆性反义词：buy/sell；rise/fall

3. a. (1) The long drill was making a hole.

      (2) The drill that lasted for a long time was boring.

   b. (1) Only a good leader can make a proper policy.

      (2) Only with a good rule can we draw a straight line.

   c. (1) The Congressman is fighting to make the streets cleaner.

      (2) The Congressman is like a dishonest guy who fights in the street.

   d. (1) The piglet is so hot that it is unable to eat anything.

      (2) The piglet is served so hot that we cannot eat it.

   e. (1) Old men will be served first and so will women.

      (2) Old men and old women will be served first.

   f. (1) The workers are moving machines.

      (2) These are the machines that can move.

   g. (1) John loves Bill more than Emma does.

      (2) John loves Bill more than he loves Emma.

   h. (1) They laughed in the colorful dancing party.

      (2) They showed open scorn for the colorful ball.

   i. (1) He said he would file the document on Monday.

      (2) He said he would smooth it with a file on Monday.

4. It is a tulip 蕴涵 It is a flower。但 He is honest 并不蕴涵 He is virtuous。Flower 是 tulip 的上义词，It is a tulip 的意思本身就包含 It is a flower。但 honest 不是 virtuous 的下义词。虽然"诚实"（Honesty）是众多美德（virtues）之一，但 being virtuous 并不仅仅只是 being honesty。

5. a. You, he, next

   b. I, this, ten years ago

   c. the, the, me, this, that

   d. Now, that, I

   e. The, the

   f. my, yesterday

6. a. A: There is a party tonight. Are you going?

B: No, I'm not. I have to prepare for an exam tomorrow.
   b. A: My car needs a new exhaust system. May I use your car?
      B: Sorry. I can't let you use mine. I'll use my car all day.
   c. A: My milk is gone. Did you drink it?
      B: No, it wasn't me.
   d. A: Don't do that! Dad will be home at any moment and he will be angry.
      B: I don't think he will be angry with me. I haven't done anything wrong.
   e. A: The phone is ringing. Please go to get it.
      B: Sorry. I can't. I'm in the bath.
7. 哈姆雷特在装疯。他违反了"数量原则"，因为他的回答"字，字，除了字还是字"几乎没有提供任何信息。当波隆尼尔进一步追问"什么事"时，哈姆雷特故意把"您读的书关于何事"误解成"和谁有关系"。他的这次回答违反了"相关原则"。他最后的回答首先违反了"数量原则"，因为他提供了超出要求的信息；其次，在他把"变年轻"奇特地比喻成"倒着走"时，他违反了"质量原则"；最后，由于他的回答与他所读的书毫无关系，他还违反了"相关原则"。

第 8 章

1. 从不同学者对语用学的定义，我们可以看出，语用学主要研究以下问题：
   ——语用学更为关注说话人的意义，而不是话语本身的意义；
   ——语用学所关注的说话人意义，是在特定语境下的说话人意义；因此，语境是语用学关注的重点；
   ——语用学也关注说话人的言外意义，即说话人如何言此意彼。
2. 在图 8-5 中，面对"Photo lab will be closed for the next 30 minutes"，顾客就会很茫然，因为该告示并没有显示张贴的时间。所以顾客不禁会问："我们还要等多久?"这说明，话语的"中心"或"指向"对于理解话语的意义是不可或缺，若要理解时间指示语的意义，首先要找出该指示语的"中心"。这里的"中心"，是张贴告示的时间。类似的例子还有，如果我们在门上挂上"半小时后回"的告示，但而没有写清挂告示的时间，来访者就无法得知我们何时回、还要等多久。
3. 在这两幅广告图中，"Feel the warmth of Brazil"是巴西国家旅游局的广告，它的语用前提是：巴西是游客温暖的天堂。而"Scotch for another era!"是一则 Scotch Whisky 的广告，画面中"Do you know it's true? I saw it on television"的语用前提是：电视上关于 Whisky 质量的广告是真实的。
4. 下面每一句庭审问话中，其前提意义分别是：
   (1) 你一直在偷贩毒品。
   (2) 你是个黑帮成员。
   (3) 杀人犯买了一把刀。

(4) 你与杀人犯通了电话。
5. (1) 老师故意违反了合作原则中质量准则，因为老师并没有提供足够的关于小李写作能力的信息。
(2) 由此可以推测，小李的写作能力不是很好。因为老师表扬的不是其写作能力，而是小李如何准时到堂上课、如何准时交作业、作业如何整洁。
(3) 老师深知，她本应该提供有关小李写作能力的客观评价。但是，她不想直接告诉对方"小李的写作能力不是很好"，更不想撒谎。因此，她只能提供关于小李的其他真实信息，留待对方推测。
6. 在这四个表示"请求"的言语行为中，(1)、(2) 句是直接言语行为，(3)、(4) 句是间接的言语行为。礼貌准则告诉我们，对于相对年轻的、亲密的朋友以及社会地位相对较低、权力相对较小的人，我们往往直接而非间接地与其交谈，以保全他们的积极面子。假如我们的房间很脏，且轮到我们的室友打扫卫生，我应该直话直说。所以我应该选择"It's your turn to clean the room"和"You need to clean the room"，因为这两句话属于直接的请求，通常用于熟人之间。
7. (1) 从话语本身来看，"Coco's sick"表面上属于阐述类言语行为。但在这一语境中，该话语应该是间接性的指令类言语行为，即要求 Steve 将 Coco 带去看兽医。而"I'll take her to the vet"恰恰是应了这一要求，属于承诺类言语行为。
(2) "What's the weather like in Dallas?" 是个问句，向对方询问天气，属于指令类言语行为，"It's raining"则直接回答了提问，属于阐述类言语行为。
(3) 从话语本身来看，"The garage is a mess"表面上属于阐述类言语行为。但在这一语境中，该话语应该是间接性的指令类言语行为，即 Ed 要求 Fay 将车库打扫干净。然而，Fay 的反应却让 Ed 非常失望，因为 Fay 并不理会 Ed 的间接要求，反而直接用"Clean it up"这一直接的指令类言语行为，要求 Ed 将车库打扫干净。

第 9 章

1. 认知语言学试图说明人脑在语言的发展、运用和理解中的作用。认知语言学家认为对语言现象的解释必须参照其深层的心理过程。
2. 传统修辞手法中的"隐喻"是诗歌想象和修辞的一种手段。"概念隐喻"是人类的一种认知方式。"概念隐喻"不仅存在于语言中，还存在于我们的思想和行为中。可以说，隐喻在日常生活中无处不在。
3. 下面的句子中都包含有概念隐喻"通货膨胀是一个具体的物体"。
4. 人类概念的改变与身体的体验紧紧相连。任何模式的人类运动感知经验在人类想什么、人类怎样想等方面都起着关键的作用。所有人类抽象的概念化和推理、人类的思维和语言、人类的符号表达和互动，同身体经验以及一切经验的美学特征都有极其紧密的联系。

5. 认知语法由罗纳德·兰艾克（1987）提出，是一个不断发展的跨学科研究方法，它试图将语言学的理论模式与认知心理学结合起来。认知语法的理论框架由三种结构（structure）和描述的两个层级（level）组成。三个结构是指语义结构、语音结构和符号结构。描述语言表达的两个层级是语义层和语音层。
6. 语法是一个符号元素，连接语音和概念。因此，语法从根本上说是词汇的延伸。语法单位就像词汇一样，也有意义。这种意义不仅仅是一个真值条件或其合并物，因为意义与整个语言产出和理解的认知过程相关。
7. 在构式 John kicked Mary 中，kick 是 John kicked May 这一组合结构的侧面限定，是这一级组织的中心词。John 详述了 hit 的抽象射体，而 Mary 详述了它的界标。射体和界标就是组合结构中要详述的位置。
8. 由于构式语法的运作不是从底层结构派生表层结构，因此拒绝构式的多义性，坚持"无同义原则"，所以他们不是同义的构式。
9. 伦纳德·泰尔米的基本目标是识别语言中与其他认知域（如视觉感知）的建构机制平行的某些概念结构。
10. 在认知语言学领域中，杰肯道夫的概念语义学有时被认为更倾向于转换生成语法而不是认知性质的，因为他拒绝谈论"心理呈现的意图性"。

第 10 章

1. （略）
2. （略）
3. 文字系统可以归纳为三大类：形素文字、音节文字和拼音文字。
4. 秦朝。
5.

岁月如歌	花好月圆	月常圆	花常好

6. （略）
7. (1)   ;-)   眨眼微笑

    (2)   :-X   吻

    (3)   :-P   喊

    (4)   %-| 愚蠢的嘲讽

    (5)   N/M   没关系

    (6)   IM   即时信息

    (7)   NRN   不必回复

    (8)   C&P   复制与粘贴

第 11 章

1. 语言变化体现在词汇、语音、句法、形态和语义等方面。
2. 新词构词法有很多种，如借词、合成、功能性转换、缩写、派生、缩合、新创词等。
3. 语言随时间的推移而不断发生变化。语言变化的原因很多，但主要是因为语言是对社会和人们生活方式的反映。随着社会和人们的生活方式发生变化，语言也不可避免地在词汇、语音、句法、形态或语义等方面发生变化。
4. 近年来，许多新词进入了主流汉语和英语之中，如汉语中的宽带、视频点播、高清电视、酷、微博、播客、物联网和英语中的 cyberpet，carbon footprint，obamanomics，vlog 等。
5. netizen：网民
   email：电子邮件
   bungee jumping：蹦极跳
   A/H1N1 flu：甲型流感
   feminazi：女权主义极端分子
   website：网址
   cyberspace：网络世界
   mobisode：手机连续剧的一集
6. EU：欧盟
   EVD：增强型多媒体盘片系统
   APEC：亚太经合组织
   NMD：国家导弹防御系统
   SOHO：家居办公
   MPA：公共管理硕士
   CDMA：码分多址
   AIDS：获得性免疫缺陷综合症
   DV：数字视频
   HTML：超文本标记语言
   WWW：万维网
   CEO：首席执行官
7. 五四前后，关于【美国】总统（president）的事说得不多了，倒是人们成天嚷着欢迎民主（democracy）和科学（science）。主义学说纷至沓来，什么无政府主义（anarchism），什么共产主义（communism），不一而足。当时有个绅士（gentleman）提倡公平忍让（fair play），而另一位先生则以为世界语（Esperanto）可以代替方块字。布尔什维克（俄）的胜利带来了新的启示：社会要发生扬弃【变革】（德 Aufheben），特别是首先要传播无产阶级（proletariat）的意识形态。但有些小资产阶级（法）的知识分子（俄）却带着伤感情调（sentimental），倾听贝多芬（作曲家 Ludwig van Beethoven）的交响乐（symphony）和奏鸣曲（sonata），悠然而生了灵感（inspiration），写下了一首首的十四行诗（sonnet），预祝【无产阶级】国际主义（L'internationale）的实现。

第 12 章

1. 标准英语是指在拼写、语法、发音和词汇方面基本统一的英语，但地区差异并非全无。标准英语是受过教育人士在正式、非正式的场合确定的口语书面语形式，在说英语的地区得到广泛认可。但同时应该记住这个术语是灵活多变的，因为一个地区的标准英语在另一个地区可能就是不标准的。相对某个变体的标准英语对中产阶级专业人士来说也可能不是标准的。标准变体之间的细微差异不会眼中影响交流。但是我认为，语法的统一性是非常必要的，因为重要场合都会采用书面语作为交流渠道，统一的语法有助于互相理解。

2. 英语变体指方言——地域种族、社会经济、年龄和性别层面不同的社会群体之间的语言使用变体以及个人用语——个人言语的特点。这些变体在发音、词汇甚至语法方面都有所不同。世界上除了为数较多的非标准变体之外，还有数种标准英语变体。卡通画"在因特网上，没有人知道你是个机器人"告诉我们两点内容：（1）人们对个人用语非常包容，并予以认可，甚而至于"机器人变体"都被认为很正常，为人们接受。（2）说着广泛承认并可懂的标准变体的机器人也同样为人们所理解并被视为正常人。

3. 语式是在口语和书面之间的选择，但实际上从独白/对话、行动/反思两个方面来看，语式是非常复杂的。如果我们考虑到会话参与者能否相互听到和看到（即有声音和视觉的反馈）、反应是即时的还是延迟的，以下语篇类型的语式特点为：

    书信：书面，视觉反馈，延迟反应
    课本：书面，视觉反馈，延迟反应
    讲课：口语，听觉反馈，即时反应
    辩论：口语，听觉反馈，即时反应
    问卷：书面，视觉反馈，延迟反应
    连环漫画：书面，视觉反馈，即时反应
    戏剧：口语，听觉反馈，即时反应
    日记：书面，视觉反馈，延迟反应
    祈祷：口语，听觉反馈，即时反应

4. 基于语场、语旨和语式，可以发现文本 I 来自一篇南加州的介绍性文章，文本 II 来自"如何打桥牌"的指南，文本 III 是有关露营的讲述，文本 IV 来自一封推荐信。